Alejandro Magno

Una apasionante guía sobre el surgimiento del Imperio macedonio, su gobernante y sus conquistas

Índice

Introducción

Mucho antes del nacimiento de Alejandro, la antigua Macedonia no era más que un pequeño reino situado en el norte de la península griega. Fundada en el año 808 a. e. c., Macedonia apenas se mencionaba en los primeros registros griegos. Incluso si Macedonia aparecía en esos registros, el reino era considerado solo como un reino extranjero reinado por monarcas bárbaros: estaba claro que los griegos despreciaban a los macedonios, aunque hablaran en dialecto griego. No fue hasta finales del siglo IV a. e. c. cuando Macedonia empezó a aumentar su poder y a situarse casi a la par de los reinos de Esparta, Atenas y Tebas.

Hay quien dice que en Macedonia nacieron los héroes más divinos. El propio reino fue forjado por los descendientes de Heracles, el divino héroe griego e hijo de Zeus. Muchos podrían rebatir esta afirmación, pero tal vez hubiera algo de verdad en ella.

Alejandro III de Macedonia, hijo de Filipo II y poderoso rey de Macedonia, fue una figura que casi no necesita presentación. Han pasado más de dos milenios desde la muerte del conquistador, pero su nombre sigue siendo muy conocido hasta nuestros días. Eruditos antiguos y modernos no tardaron en escribir su mejor versión de la azarosa vida de Alejandro, desde su legendario nacimiento lleno de presagios hasta su misteriosa muerte. Pero la mayoría de sus relatos suelen contener demasiados elogios o condenas. Los documentales suelen destacar su destreza marcial y sus brillantes estrategias bélicas, pero omiten a la figura desconocida que se ocultaba tras sus sombras y que moldeó el ejército que pronto lo acompañaría en sus campañas de invasión. Los libros de historia hablan de su misericordia con quienes se sometían a su poder, pero a menudo ocultan o suprimen la información que detalla el temperamento del rey y sus ocasionales desmanes. Hollywood, por su parte, glorifica sus atributos masculinos y su buena apariencia, pero a veces pasa por alto el hecho de que estaba lleno de emociones, especialmente cuando se lo ponía a prueba con la muerte de sus seres queridos.

Aunque era un rey severo y un estricto general de guerra, Alejandro tenía otras pasiones a pesar de que sus años de infancia estuvieron llenos de estudios y prácticas. A pesar de que a menudo se lo representa con coraza y a caballo, listo para la batalla, el rey era aficionado a la música. De pequeño, se creía que el rey macedonio tenía la habilidad de crear bellas melodías pulsando las cuerdas de su laúd. Incluso llegó a tocar ante las embajadas que visitaban Pella durante el reinado de su padre. Sin embargo, aunque su amor por los instrumentos musicales se mantuvo, el rey tuvo que enterrar su pasión en lo más profundo de su ser cuando su excepcional talento fue objeto de burlas por parte de su padre. Después de esto, Alejandro se centró únicamente en su vasto reino. También le gustaba observar los acontecimientos de la corte y disfrutaba de la compañía de sus tutores. Entre ellos se encontraba Aristóteles, quien enseñó al rey valiosos conocimientos no solo sobre filosofía y moral, sino también sobre lógica, religión, arte y, lo más importante, las obras de Homero, que Alejandro llevaba en el corazón.

El famoso rey macedonio no era ni bueno ni malo ni cruel. Todo el mundo está de acuerdo en que fue un gran líder. Su mente era políticamente astuta y podía idear estrategias brillantes en cuestión de minutos. Su valentía era venerada por muchos; el rey nunca dudaba en colocarse al frente de sus tropas y cargaba contra su enemigo, aunque sus heridas estuvieran aún frescas. Sin embargo, muchos también han olvidado que, a pesar de afirmar ser hijo de Zeus, Alejandro Magno también era humano. Sangraba cuando una espada cortaba su piel y moría si consumía veneno. Llevó a Macedonia a su máxima gloria, pero también participó en su caída. Podría ser difícil describir con precisión al rey en una sola palabra, pero «complejo» podría ser una de ellas.

Capítulo 1: El establecimiento de la dinastía de los Argéadas

Durante muchos siglos, la gente dependió en gran medida de los mitos y las historias orales transmitidas por sus antepasados para conocer mejor su pasado y sus orígenes. Pronto surgieron diversos sistemas de escritura que permitieron a las antiguas civilizaciones crear y registrar diferentes asuntos y acontecimientos que tenían lugar en sus vidas. Los antiguos egipcios tallaban jeroglíficos en sus grandes templos, con la esperanza de inmortalizar las historias de las victorias de sus faraones, mientras que los escribas mesopotámicos registraban todo tipo de acontecimientos de la vida cotidiana y obras literarias en tablillas de arcilla.

Por desgracia, muchos de estos registros sucumbieron a la prueba del tiempo, dejándonos con más preguntas y misterios que respuestas sobre sus historias. Por ejemplo, debido a la falta de registros y escritos, nadie pudo determinar con exactitud qué ocurrió con el Arca de la Alianza tras el saqueo de Jerusalén por el rey Nabucodonosor II. Ningún erudito pudo rastrear la fastuosa tumba de Cleopatra y Marco Antonio. Hasta el día de hoy, los historiadores discuten la razón principal de la destrucción de la colosal Estatua de Zeus en Olimpia.

Lo mismo podría decirse de los orígenes de los macedonios, sobre todo porque nunca fueron mencionados en los primeros registros griegos. Sin embargo, esto empezó a cambiar tras el colapso de la Edad de Bronce tardía. Los macedonios, que se creía que descendían de los dorios, no tardaron en aparecer en los registros griegos.

Mapa de la antigua Grecia y Macedonia

Cuenta la leyenda que los dorios eran un grupo de pueblos guerreros cuyas raíces se remontaban al mítico héroe griego e hijo de Zeus, Heracles (más conocido como Hércules). Según las fuentes tradicionales, Zeus había elegido a Heracles como gobernante de Argos, Lacedemonia (más tarde conocida como Esparta) y Pilos, las principales ciudades del Peloponeso durante la época micénica. Sin embargo, a pesar de los deseos del rey de los dioses, la sucesión de Heracles fue interrumpida por Hera, la hermana-esposa del propio Zeus, que planeaba poner en el trono a su candidato, el enfermizo Euristeo. Para demostrar aún más su odio hacia el héroe legendario, Hera lo atormentó con la locura hasta que, sin querer, masacró a su propia familia. Así que, para redimirse, el legendario héroe consultó al oráculo de Delfos, que le mostró el camino de la venganza: A Heracles no le quedó más remedio que presentarse ante el campeón de Hera, el rey Euristeo. Para humillar a Heracles, el rey le asignó doce tareas (conocidas como los doce trabajos de Heracles) que se creían imposibles de cumplir. Sin embargo, el héroe, testarudo para redimirse, completó exitosamente cada una de las tareas, ganándose finalmente un lugar entre los dioses del Olimpo tras su muerte años después.

El legendario héroe Heracles luchando contra serpientes
https://commons.wikimedia.org/wiki/File:Singer_Sargent,_John_-_Hercules_-_1921.jpg

El éxito del poderoso héroe al superar sus retos casi imposibles había alimentado a Euristeo con tanta rabia que no podía enterrar el hacha de guerra a pesar de la muerte de Heracles. Así, planeó borrar de la tierra a todos los descendientes de Heracles, un acto que pronto condujo a su terrible desaparición. Los hijos de Heracles, más conocidos como los heráclidas, fueron empujados primero a Atenas, donde encontraron refugio de las amenazas impuestas por muchos en nombre de Euristeo. El impaciente rey no tardó en atacar la antigua ciudad en vano, ya que los heráclidas, dirigidos por uno de los hijos de Heracles, Hilio, consiguieron repeler el asalto y matar a Euristeo.

Muerto el rey, Hilio y los heráclidas invadieron el Peloponeso con la esperanza de recuperar su herencia. Sin embargo, su esfuerzo se vio truncado, ya que, una vez más, no les quedó más remedio que retirarse del Peloponeso. Esta vez, los heráclidas se refugiaron en Tesalia, donde Hilio fue adoptado por Egimio (considerado el antepasado de los dorios), que debía un favor a Heracles después de que el héroe aceptara echarle una mano en su guerra contra una tribu mítica conocida como los lápitas. A Hilio se le concedió primero un tercio del territorio de Egimio, pero tras la muerte de su padre adoptivo, el poder de Hilio se expandió. Sin lucha alguna, fue nombrado soberano de los dorios, entrelazando así para siempre a los heráclidas con los dorios. Esto también dio inicio a su campaña de años contra el sucesor de Euristeo. Desgraciadamente, tras malinterpretar un presagio del oráculo de Delfos, Hilio encontró su destino después de que su intento de derrocar a Atreo, rey de Micenas y sucesor de Euristeo, fracasara.

Los heráclidas intentaron tres veces más derrocar a los gobernantes del Peloponeso y restaurar su legítima herencia, pero las tres resultaron infructuosas. La victoria de los heráclidas y los dorios solo fue posible bajo el liderazgo de Témeno y sus hermanos, ya que Témeno consultó el oráculo de Delfos y preguntó el significado de los presagios malinterpretados por sus antepasados. Y así, con el éxito de la invasión (también conocida en la historia como la invasión dórica o el retorno de los heráclidas), los dorios y los heráclidas consiguieron imponer su dominio sobre todo el Peloponeso, marcando el fin de la civilización micénica y el comienzo de la Edad Media griega.

El oráculo de Delfos encantado
https://commons.wikimedia.org/wiki/File:The_Oracle_of_Delphi_Entranced.jpg

Según Nicholas Hammond, historiador británico experto en la antigua Macedonia, es plausible que los primeros antepasados de los macedonios fueran pastores seminómadas de las tierras altas de Oreste. Su conclusión podría derivarse de un registro escrito nada menos que por el antiguo padre de la historia, Heródoto, quien afirmaba que los cimientos del reino macedonio los puso un personaje conocido como Pérdicas.

La historia que nos cuenta Heródoto comienza en la ciudad-estado de Argos. Allí vivían tres hermanos llamados Aéropo, Gauanes y Pérdicas que decían ser descendientes directos de Témeno. Se cree que estos hermanos fueron desterrados de Argos. Este suceso los llevó a llegar a Iliria y establecerse en una ciudad de las tierras altas de Oreste, hogar de varias tribus de los bárbaros macedonios. Para sobrevivir y tener suficiente comida en la mesa, los hermanos decidieron servir a un cacique local y trabajaron como pastores, cuidando del numeroso ganado del cacique. Sin embargo, pronto surgieron problemas para los tres hermanos cuando el cacique fue informado por su esposa de cierta anomalía: su mujer afirmaba que cada vez que servía pan a los trabajadores del cacique, el de Pérdicas se duplicaba milagrosamente.

El cacique, viendo en ello un mal augurio, convocó a los hermanos y les ordenó que abandonaran sus tierras de inmediato. Pérdicas, el mayor de los hermanos, decidió acatar las órdenes del cacique, pero exigió que al menos se le pagara por el duro trabajo que había realizado en sus tareas de pastoreo. El cacique, deseoso de ver desaparecer a los hermanos de su vista, denegó su petición y, en su lugar, no les ofreció más que un reflejo de la luz del sol que brillaba desde el agujero de humo. El tranquilo y reservado Pérdicas aceptó la extraña forma de pago del cacique y, con un cuchillo, talló una línea que rodeaba la mancha de luz, reclamándola como suya. Los tres hermanos abandonaron la ciudad.

Aunque el cacique se sintió aliviado tras expulsar con éxito a los hermanos de su tierra, volvió a verse envuelto en un sinfín de preocupaciones tras ser confrontado por uno de sus sacerdotes, que informó al cacique del destino de Pérdicas. Sus acciones antes de partir no eran sino un mal augurio para el gobierno del cacique. Sin prisas, el jefe envió a sus jinetes a buscar y matar a Pérdicas y a sus hermanos. Sin embargo, tal vez por voluntad de los antiguos dioses, los hermanos lograron eludir la persecución saltando al río Haliacmón. Su huida los llevó al Jardín de Midas, un campo de rosas en la base del monte Bermión (actual monte Vermio). En esta tierra, los tres hermanos lograron unir —o conquistar, como afirman otras fuentes— a las diversas tribus de Macedonia. Con su apoyo, Pérdicas fue nombrado primer rey macedonio y fundador de la dinastía de los Argéadas, una línea sucesoria que tomaba el nombre de Argos, su patria ancestral. La mancha de luz solar que había obtenido anteriormente como pequeño salario del cacique se convirtió entonces en el emblema de su casa real.

Con su leal pueblo, el rey de Macedonia emigró de las tierras altas de Oreste y acabó construyendo su fortaleza en las llanuras Emathia, al norte de Grecia. En el siglo VI a. e. c., los macedonios consiguieron reunir suficiente poder militar para expulsar a las tribus tracias y expandir su poder. Los macedonios controlaban las tierras que rodeaban Botiea hasta las cercanas a la costa egea.

Aunque Pérdicas era popularmente conocido por la historia como el fundador de la dinastía de los Argéadas, otra fuente afirma lo contrario; en lugar de Pérdicas, el reino debía su fundación a otra figura llamada Cárano, que vivió al menos tres o cuatro generaciones antes que Pérdicas.

En esta versión de los orígenes del reino macedonio, Cárano, también considerado descendiente de Témeno, comenzó su viaje guiando a sus seguidores para reunirse con el rey de Orestea, que buscaba ayuda para repeler los ataques de una tribu vecina, los Eordia. Sin duda, Cárano y su leal grupo de seguidores prestaron sus espadas al rey, haciéndolo salir victorioso de la encarnizada guerra. Y así, para devolverle el favor, el rey de Orestea recompensó a Cárano con una parte de su territorio. Más tarde, este se convirtió en el primer emplazamiento del recién fundado reino de Macedonia de Cárano.

Aunque los detalles de la formación del reino difieren de una fuente a otra, los historiadores antiguos creen que el origen de la dinastía de los Argéadas tiene vínculos directos con los teménidas, o descendientes del legendario Heracles. Independientemente de la veracidad de estos relatos, podemos estar seguros de que el reino de Macedonia se convirtió en una de las mayores potencias del mundo antiguo. La dinastía de los Argéadas mantendría su dominio sobre el reino durante siglos sin ser interceptada. En la época en que Heródoto escribió sobre los macedonios, el antiguo historiador había enumerado al menos siete reyes diferentes que habían reinado alguna vez sobre el reino.

A pesar de su ubicación en la periferia del mundo griego, Macedonia apenas participaba en la política griega. Los antiguos escritores griegos afirmaban que los macedonios no eran ni totalmente griegos ni bárbaros, y su modo de vida era realmente diferente en comparación con el mundo helenístico. Los antiguos griegos vivían en ciudades urbanas adornadas con intrincadas columnas, estatuas colosales y estructuras como los grandiosos templos dedicados a sus deidades más veneradas, mientras que los macedonios preferían un estilo de vida más bien rural. Tenían viviendas humildes dentro de aldeas sencillas. Esto no solo se limitaba a la gente corriente, sino que también incluía a la realeza. Heródoto, que pudo haber visitado el reino, explicó en sus escritos que las casas reinantes macedonias mostraban solo pequeñas diferencias en comparación con las de los plebeyos. La morada del rey no era un enorme palacio flanqueado por enormes estatuas y rodeado de muros de mármol exquisitamente tallados. Vivía en una sencilla casa de labranza, posiblemente hecha de madera de alta calidad, la materia prima más preciada del reino. En lugar de contratar sirvientes para cubrir las necesidades de la familia real, la reina cocinaba y alimentaba al rey a su entera satisfacción.

Cuando los días eran claros y salía el sol, los macedonios disfrutaban cazando bestias peligrosas, como jabalíes y leones. Las cacerías exitosas solían dar lugar a una vibrante celebración en la que los macedonios se entregaban a unas cuantas rondas de vino sin diluir, un acto que solía ser juzgado por los griegos, que pensaban que carecían de autocontrol y buen gusto. Quizá el único aspecto en el que los griegos podían relacionarse con los macedonios era su creencia religiosa; los macedonios adoraban el mismo panteón de dioses que los griegos, con Zeus y Heracles considerados sus principales deidades.

Sin embargo, a finales del siglo VI a. e. c., el reino empezó a acoger las influencias de su vecino del sur. Un rey de la dinastía de los Argéadas, Alejandro I (no confundir con Alejandro Magno), llegó a participar en los Juegos Olímpicos. Como el evento solo estaba abierto a los griegos, Alejandro se encontró al principio con una serie de protestas. Entonces reclamó sus derechos en los juegos con la ayuda de su linaje ancestral. Dado que los reyes Argéadas tenían líneas ancestrales entrelazadas con Argos y los descendientes de Heracles, los helanódicas (los jueces de los antiguos Juegos Olímpicos) acabaron permitiendo al rey macedonio participar en el evento sagrado.

Sin embargo, la cultura griega no era la única influencia evidente en el reino en el siglo V a. e. c., ya que Macedonia pronto acogería una serie de influencias procedentes del Imperio aqueménida, más conocido como Imperio persa.

Capítulo 2: Vasallo del Imperio persa

Corría el año 513 a. e. c. y el rey persa Darío I (que también pasó a la historia como Darío el Grande) llenaba sus días con interminables horas elaborando estrategias para expandir su poder sobre las vastas tierras de los escitas. Hacía tiempo que el rey había puesto la mira en los escitas, aunque el objetivo principal de su campaña militar seguía siendo controvertido: algunas fuentes creen que el rey persa recurrió a la guerra cuando los escitas iniciaron una revuelta contra él e invadieron Media, mientras que otras afirman que Darío deseaba controlar las valiosas exportaciones de oro, granos, pieles y cueros de los escitas. Sin embargo, tras una exitosa conquista de Europa Oriental, Darío y su gran ejército, liderado por su general más apreciado, Megabazo, cruzaron el río Danubio, con la esperanza de chocar espadas con los escitas e incendiar sus tierras.

Representación de Darío el Grande cazando en su carro
https://commons.wikimedia.org/wiki/File:Darius_seal_drawing.jpg

Viendo lo ansiosos que estaban Darío y su ejército, los escitas optaron por evitar cualquier enfrentamiento directo con los persas. Así, al recibir la noticia de la llegada de los persas, los escitas se retiraron inmediatamente hacia el este, no sin antes interrumpir los suministros y recursos que mantenían a raya al ejército de Darío. Interceptaron los convoyes que transportaban suministros para los persas, quemaron los pastos que rodeaban los campamentos enemigos y bloquearon los pozos para que sus enemigos ya no pudieran acceder al agua. Esto sin duda enfureció a los persas, que decidieron tomar represalias. A pesar de tener sus recursos destruidos o bloqueados, Darío y su ejército continuaron marchando hacia el interior, con la esperanza de encontrar y conquistar al menos una de las ciudades escitas y asegurar sus suministros. Sin embargo, debido al modo de vida móvil de los escitas, los persas nunca encontraron ni siquiera los asentamientos más pequeños, lo que acabó por decepcionar al rey.

Sin ciudades que conquistar, asentamientos que saquear ni recursos que buscar, Darío no tuvo más remedio que escribir una carta al soberano escita. El rey persa exigía una de dos opciones: los escitas debían elegir entre una rendición o una guerra total. El gobernante escita, que seguía negándose a reunirse con los persas cara a cara, afirmó que solo entrarían en guerra si sus enemigos encontraban las tumbas de los antepasados escitas y les faltaban al respeto. Como los persas nunca encontraron dichas tumbas, no lograron atraer a los escitas al campo de batalla, aunque Darío y sus tropas consiguieron apoderarse de la ciudad fortificada de Gelenos, aliada de los escitas. Al darse cuenta de que su campaña no era más que una pérdida de tiempo debido a las continuas tácticas evasivas de los escitas, Darío envainó de mala gana su arma y regresó a casa, dejando a su general, Megabazo, como comandante en jefe del ejército persa de 80.000 hombres estacionado en Europa. El rey había dejado estrictamente a Megabazo una única orden: someter a las ciudades griegas del Helesponto.

Para no decepcionar aún más a su rey, Megabazo condujo primero a los persas a la ciudad de Perinto, donde obligó a sus habitantes a someterse al rey aqueménida. Tras el éxito de la conquista, el gran general se dirigió a Tracia, la antigua región donde se creía que vivía Thrax, el hijo del dios de la guerra, Ares. De hecho, los persas ya conocían Tracia, pues ya habían pasado por la zona antes de que Darío lanzara una campaña contra los escitas en el año 513 a. C. Dado que Tracia estaba habitada por más de una tribu, no todas decidieron someterse al Imperio aqueménida cuando este puso por primera vez el pie en la región. De hecho, los persas se vieron obligados a hacer frente a una resistencia impuesta por la tribu Getas, aunque esta nunca consiguió derrotar a Darío y su ejército. Así pues, sabedor de que su rey pretendía crear una nueva satrapía en los Balcanes, Megabazo marchó de nuevo con sus tropas a Tracia y sometió al resto de ciudades y tribus que en su día se mostraron obstinadas en rechazar su influencia. Con ello, Tracia se incorporó al Imperio aqueménida como la satrapía de Skudra, recompensando así a los persas con más refuerzos militares. Después de Tracia, Megabazo conquistó Peonia con la ayuda de las fuerzas militares tracias. Parte de las tierras peonias fueron entonces regaladas a los tracios, que habían mostrado su máxima lealtad al imperio.

Solo entonces Megabazo se centró en el reino de Macedonia. Por aquel entonces, el trono macedonio pertenecía nada menos que a Amintas I. El rey era plenamente consciente de su entorno; sabía del terror y la guerra que traían los persas a las puertas de sus regiones vecinas. También sabía que los persas marcharían hacia su fortaleza tarde o temprano, exigiendo su sumisión. Y, si se negaba, el derramamiento de sangre y la destrucción no tardarían en aparecer en el horizonte.

En algún momento del año 512 a. e. c., la predicción de Amintas se hizo realidad: se le presentaron unos enviados que exigían la sumisión de Macedonia al Imperio aqueménida. Mostrando poca o ninguna reticencia, el rey macedonio accedió a obsequiar al rey persa reinante «tierra y agua», simbolismo que mostraba su rendición y sumisión. Como parte de la bienvenida a los persas en su ciudad, Amintas organizó un suntuoso banquete para alimentar a los siete enviados por Megabazo. Sin embargo, el banquete no tardó en convertirse en una sangrienta escena del crimen.

Según Heródoto, los macedonios se sintieron terriblemente insultados cuando los enviados persas abusaron en estado de embriaguez de varias mujeres macedonias llevadas inicialmente al banquete para acompañarlos. Al ver la escena, el príncipe heredero, Alejandro I, se enfadó de inmediato y reunió a sus hombres para castigar a los persas. Primero ordenó a sus hombres que se disfrazaran de mujeres antes de enviarlos al banquete, donde debían sentarse junto a los persas borrachos y seducirlos. No pasó mucho tiempo hasta que los persas intentaron de nuevo poner sus manos sobre los hombres macedonios disfrazados. En cuanto esto ocurrió, los macedonios acuchillaron rápidamente a los persas borrachos, dejando sus cuerpos sin vida en el suelo.

Sin duda, la matanza se mantuvo en secreto para evitar cualquier posible conflicto que pudiera surgir y afectar a todo el reino. El secreto, sin embargo, no se mantuvo oculto durante mucho tiempo, ya que los persas consiguieron de algún modo sospechar el incidente. Los enviados nunca regresaron a su tierra, lo que motivó la exigencia de respuestas por parte de los persas. Así, el imperio envió a un general llamado Bubares para investigar la situación. Al enterarse de la llegada de Bubares a Macedonia, Alejandro I ideó rápidamente una solución para acallar las sospechas de los persas.

El príncipe heredero sabía que nadie podría resistirse a una gran suma de dinero, ni siquiera Bubares. Así pues, decidió reunirse con el general persa y sobornarlo con cierta cantidad de dinero para asegurarse de su silencio. Para asegurarse aún más de que su secreto estaba a salvo, Alejandro llegó al extremo de ofrecer la mano de su hermana en matrimonio al general persa, a lo que Bubares accedió sin vacilar. Por supuesto, la veracidad de esta historia relatada por Heródoto sigue siendo controvertida. Mientras que algunos eruditos creen que los incidentes tuvieron lugar, otros modernos afirman que este relato se escribió solo para mostrar y exagerar las astutas soluciones de Alejandro a los asuntos relacionados con el reino. Sin embargo, podemos estar seguros de que, desde la sumisión de Amintas I, Macedonia mantuvo una relación amistosa con los persas y siguió siendo su vasallo hasta que estos se retiraron definitivamente tras su derrota a manos de los griegos en 479 a. e. c.

Con el reino de Macedonia firmemente en su poder, Darío I pudo expandir su imperio con confianza y asegurar sus fronteras. Planeaba subyugar Atenas y las otras ciudades-estado de Grecia. Así, en 491 a. e. c., el rey despachó enviados a los griegos para pedirles su sumisión, a lo que estos respondieron con violencia. Negaron rotundamente la exigencia de los persas y ejecutaron a los enviados, con lo que Atenas y Esparta formaron una coalición para proteger sus tierras contra los invasores. Al ver cómo los griegos respondían despiadadamente a su demanda, Darío lanzó su fuerza naval contra las Cícladas y Eubea, dos de las islas de Grecia. Un año después, los persas se enfrentaron a los griegos en la batalla de Maratón. Los griegos ganaron la batalla, pero los persas no estaban en absoluto dispuestos a soltar sus espadas.

El rey Darío I murió en 486 a. e. c. y fue sucedido por su hijo Jerjes I, que no deseaba otra cosa que continuar el legado de su padre. Al igual que su progenitor, el rey persa pretendía expandir su dominio sobre toda Grecia. Y, con la ayuda del nuevo rey macedonio, Alejandro I, todo parecía posible, al menos al principio.

Alejandro I, aliado de los persas y amigo de los griegos

Jerjes no perdió el tiempo e intentó invadir Grecia continental. Casi inmediatamente después de su sucesión, el rey persa reunió fuerzas de todo el imperio para preparar su próxima conquista. De hecho, el imperio contaba con un puñado de aliados dispuestos a unirse al gran rey en la batalla, uno de ellos Alejandro I de Macedonia. Aunque pasó a la historia por su testarudez y su astucia, el rey macedonio era sin duda obediente al Imperio aqueménida. Esto, sin embargo, no significaba que le complaciera ver a los persas pisotear sus regiones vecinas, especialmente la península griega. No obstante, al oír la llamada a las armas de Jerjes, Alejandro se apresuró a reunir a su caballería y conducirla hacia el sur, donde el rey aqueménida esperaba la llegada de sus aliados.

En el camino, se dice que el rey se enteró del paradero del ejército griego: preparándose para enfrentarse a los persas, los griegos decidieron chocar las espadas en el río Peneo. Sin que los griegos lo supieran, Jerjes había tomado una ruta más larga. En lugar de utilizar el paso esperado por los griegos, los persas dieron un rodeo y marcharon al oeste del Olimpo. Si los griegos mantenían su posición en el río Peneo, los persas se impondrían con toda seguridad, ya que podrían lanzar un ataque sorpresa contra los griegos desde su expuesta retaguardia. Así pues, Alejandro envió discretamente un mensajero al campamento base griego, presentándose como un espía que deseaba destruir el imperio desde dentro. Advirtió a los griegos que debían cambiar de estrategia y les informó del plan de los persas de atacarlos por la retaguardia. Aunque desconfiaban de las verdaderas intenciones de Alejandro, los griegos hicieron caso de su advertencia. Se retiraron de su posición justo antes de que pudieran oír los ecos lejanos de los fuertes y estruendosos pasos de los persas. Ambas partes salieron ganando. Gracias al aviso de última hora de Alejandro, los griegos no sufrieron pérdidas y evitaron una muerte segura. Los persas, por su parte, consiguieron apoderarse de Tesalia sin apenas resistencia tras la retirada de los griegos.

Alejandro I informando a un comandante ateniense del avance de los persas

Los escritos antiguos vuelven a afirmar que Alejandro contribuyó discretamente a la victoria de los griegos en una batalla contra las fuerzas de Jerjes en el 479 a. e. c. En esta ocasión, la coalición griega liderada por los espartanos debía enfrentarse a los persas comandados por el general Mardonio cerca de la ciudad beocia de Platea. Antes de una guerra, tanto griegos como persas solían celebrar una ceremonia religiosa para complacer a sus antiguos dioses. No solo buscaban guía y fuerza, sino también la bendición de los dioses. Si después de los rituales encontraban algún mal presagio, se decía que los dioses no favorecían su batalla y que les sobrevendrían desgracias. Según Plutarco, esto era exactamente lo que ocurría cuando los griegos y los persas realizaban sus rituales de adivinación. Mardonio, sin embargo, optó por avanzar a pesar de no contar con la bendición de los dioses. Sus suministros también habían comenzado a disminuir; por lo tanto, retrasar una batalla no sería una gran idea. Así, los persas decidieron atacar a los griegos al amanecer.

Alejandro sabía que los griegos nunca desobedecerían la voluntad de sus dioses y cesarían el ataque de inmediato si Zeus no les concedía sus grandes bendiciones. Así pues, el rey macedonio llevó la información de las estrategias de guerra de los persas y galopó hacia el campamento base de los griegos en plena noche. Allí solicitó hablar con su comandante, Pausanias de Esparta. Alejandro quizás ya había establecido una relación con los griegos tras su inesperado acto de servicio años antes; por ello, el comandante espartano no dudó en reunirse con el rey macedonio. Gracias a Alejandro, los griegos consiguieron una vez más evitar la destrucción. Finalmente, salieron victoriosos de la batalla de Platea y expulsaron a los persas del Ática y Beocia.

Tras su derrota, los persas regresaron a su patria y abandonaron por completo su campaña de invasión de Europa. Aunque muchos discutieron la razón principal del movimiento de Alejandro, podemos asumir con seguridad que el rey había aprovechado brillantemente todas las oportunidades a su favor. Había complacido a ambos bandos al principio de la guerra entre Persia y Grecia, pero no era ni un simpatizante persa ni un panhelenista. A fin de cuentas, aunque su discreta actuación había ayudado a los griegos a triunfar sobre los persas, la seguridad de su reino siempre había ocupado el primer lugar en su lista de prioridades. Con la expulsión de los persas de Europa, Macedonia recuperó su independencia y nunca más se arrodillaría ante un rey extranjero.

Capítulo 3: Pérdicas II y Arquelao I

Durante casi cincuenta años, el reino de Macedonia estuvo bajo el gran liderazgo de Alejandro I, que no solo había introducido algunas reformas en el reino, sino que también había asegurado sus fronteras de cualquier peligro inminente que persistiera tras la marcha de los persas. De hecho, el reino prosperó bajo la estrecha vigilancia del poderoso rey argéada, pero cuando finalmente encontró su destino en el año 454 a. e. c., Macedonia volvió a sumirse en el caos.

Se cree que Alejandro I tuvo cinco hijos y una hija. Tras su muerte, el trono quedó en manos de su hijo mayor, Alcetas II. Pocos detalles del nuevo rey sobrevivieron a la época, salvo que se lo describía como muy dependiente del alcohol. Aunque Alejandro había propuesto el nombre de Alcetas como próximo soberano de la dinastía Argéada, su reinado se vio truncado debido a su repentina muerte. Nunca se confirmó el motivo de su muerte, pero muchos creyeron que su sangre estaba en manos de Arquelao, su propio sobrino.

Con una vacante en el trono tras el asesinato de Alcetas, Macedonia pronto acogió la sucesión de un nuevo rey, Pérdicas II, que también era el padre de Arquelao. Nadie pudo confirmar si Pérdicas había participado en el asesinato de su hermano. Sin embargo, podemos estar seguros de que su ascenso como nuevo rey fue recibido con algunas objeciones, especialmente por otro de sus hermanos, Filipo. Tal vez deseoso de presenciar la caída de Pérdicas y reclamar el trono para sí,

Filipo llegó al extremo de conseguir la ayuda de Atenas y el apoyo del rey Derdas, que gobernaba Elimea, una región de la Alta Macedonia. Sin embargo, el rey de Macedonia no tardó en darse cuenta de la traición de su hermano. Así, al ver que Atenas estaba decidida a apoyar los planes traicioneros de Filipo, Pérdicas alborotó el gallinero: suscitó una rebelión en varias ciudades tributo atenienses, entre ellas Potidea, colonia fundada por Corinto.

Se desencadenó así la guerra. Atenas tuvo que hacer frente a la rebelión, pero eso no le impidió reunir una poderosa fuerza de mil hoplitas y treinta barcos de guerra a las puertas de Pérdicas. Sin duda, Atenas sabía lo que se hacía en guerras y batallas en comparación con el reino de Macedonia, lo que podría ser la razón por la que Atenas capturó la ciudad de Terma sin grandes bajas. Con su esperada victoria, las orgullosas fuerzas atenienses marcharon entonces hacia Pidna. Junto con los refuerzos de dos mil hoplitas, los atenienses sitiaron la ciudad. Eso fue, sin embargo, hasta que circuló la noticia de que Corinto había accedido a enviar sus altamente entrenadas tropas a Potidea como preparación para repeler su ataque y defender la ciudad de una posible destrucción.

Aunque Atenas disponía de todos los suministros y fuerzas para librar una batalla a gran escala en Potidea, esperaba poder limitar el derramamiento de sangre. Así, la ciudad se alió con Pérdicas, quizá para persuadir al rey macedonio de que se quedara quieto y evitara inmiscuirse en la guerra. Por razones desconocidas, Pérdicas accedió inicialmente a envainar su espada. Como nunca era conocido por cumplir sus promesas, Pérdicas no tardó en traicionar su trato y dirigió sus tropas a Potidea. En aquel momento, el ejército macedonio no estaba preparado en absoluto para enfrentarse a un adversario tan poderoso, por lo que Atenas se hizo fácilmente con la victoria. Esta no fue, de hecho, la última de las victorias atenienses. La continua expansión de la ciudad pronto provocó la inquietud de Esparta, lo que finalmente desembocó en una de las mayores guerras del mundo antiguo, la guerra del Peloponeso.

En cuanto a Pérdicas, el rey recibió una nueva oferta. Atenas, que había conseguido la alianza del rey tracio Sitalces, convenció al rey macedonio para que marchara contra los calcideos sublevados, aunque había sido el propio Pérdicas quien había provocado la rebelión. A cambio de sus servicios, Atenas devolvería Terma a Pérdicas y retiraría su apoyo a Filipo. A través de este acuerdo, los tracios también habían accedido a echar una mano a los macedonios si planeaban capturar a Filipo.

Una vez más, Pérdicas traicionó la confianza de los atenienses. El rey se pasó al bando de Esparta. Sabiendo que Esparta se dirigía al asalto de Acarnania, Pérdicas desplegó mil soldados para ayudar a los espartanos, aunque, por circunstancias desconocidas, su ejército no llegó a tiempo. En represalia por esta traición, el rey Sitalces marchó hacia Macedonia, con la esperanza de invadir el reino y castigar a Pérdicas. Sitalces debía recibir refuerzos de Atenas en ese momento, pero el apoyo nunca llegó. Entonces, Pérdicas aprovechó la oportunidad para utilizar su lado diplomático: ofreció la mano de su hermana en matrimonio al sobrino de Sitalces. Gracias a este matrimonio diplomático, Pérdicas logró salvar su reino de la destrucción total.

Aliados a los espartanos, los macedonios estaban obligados a prestar sus espadas siempre que fuera necesario. Así, en 424 a. e. c., Pérdicas ayudó al comandante espartano Brásidas en su misión de arrebatar Anfípolis a los atenienses. Dado que Anfípolis era la principal fuente de madera de Atenas, utilizada en gran medida para construir sus enormes flotas, perder Anfípolis a manos de los espartanos causó graves problemas a Atenas. Con sus suministros de madera menguando, a Atenas no le quedó más remedio que negociar con los macedonios.

Para agradecer a Pérdicas su rápida ayuda, Esparta accedió a ayudar a los macedonios a eliminar las amenazas a las que se enfrentaba el reino a lo largo de sus fronteras. Tras asegurarse el apoyo de los ilirios, la alianza macedonio-espartana marchó confiada contra el rey Arrabeo de Lincéstide. Sin que los espartanos lo supieran, los ilirios habían decidido desertar y se habían puesto del lado de Arrabeo. Al ver las feroces tropas de los ilirios, los soldados macedonios, presas del pánico, huyeron del campo de batalla sin informar a los espartanos. Por suerte para los espartanos, Brásidas ideó una inteligente estrategia. Los espartanos consiguieron defenderse durante bastante tiempo hasta que ellos también se retiraron del campo de batalla. Para vengarse de los macedonios, los espartanos atacaron su tren de equipajes y saquearon sus campos.

Al ver a los espartanos como sus enemigos, Pérdicas abandonó la alianza y volvió a aliarse con los atenienses. Lo que sucedió tras este suceso sigue siendo un misterio, ya que el nombre de Pérdicas desapareció de todos los registros que se conservan. Se dice que murió por causas desconocidas en el año 413 a. e. c., dejando el trono a Arquelao.

Arquelao I nació de Pérdicas II y una esclava sin nombre. Aunque sus primeros años de vida siguen siendo desconocidos, el nuevo rey de Macedonia fue, sin duda, mucho mejor gobernante que su padre. Bajo su mandato, el reino comenzó a ver signos de gloria. Como gran oportunista, Arquelao no tardó en aprovechar la oportunidad de oro concedida por los dioses para mejorar enormemente la economía de Macedonia. Atenas, que había sufrido una gran derrota en Siracusa, necesitaba desesperadamente un gran suministro de madera. Dirigiéndose a los macedonios, lo más probable era que los atenienses aceptaran cualquier condición que estableciera el rey. Arquelao negoció un precio y, al mismo tiempo, arregló las relaciones de su reino con Atenas.

Arquelao también consiguió que el reino volviera a ponerse en pie al instituir varias reformas. No solo mejoró la calidad de la moneda macedonia, sino que también se tomó el tiempo de planificar y construir fortalezas fortificadas por todo su reino, junto con caminos rectos para facilitar el movimiento de su batallón. Tras observar los defectos de su ejército, el rey introdujo algunos cambios en la organización del ejército, centrándose principalmente en los hoplitas y las unidades de caballería. Arquelao fue también el responsable de trasladar la capital macedonia de Egea a Pella. Este puerto estratégico cerca del golfo Termaico pronto se convirtió en una de las ciudades más ricas del reino, y así permaneció hasta que fue saqueada por los romanos en la tercera guerra macedónica.

Moneda con el rostro de Arquelao I
https://commons.wikimedia.org/wiki/File:Didrachm_of_Archelaos_I_King_of_Macedonia.jpg

A Arquelao le gustaba rodearse de diversas manifestaciones culturales y tradiciones. A través de él, Macedonia comenzó a absorber muchas de las influencias de sus vecinos del sur. Su palacio de estilo griego en Pella acogía a poetas, músicos y pintores griegos. También se dice que el famoso dramaturgo Eurípides pasó la mayor parte de sus últimos años en Macedonia, donde escribió varias obras sobre el rey. Sin duda, Macedonia estaba en vías de convertirse en una sociedad más urbanizada. El historiador ateniense Tucídides llegó incluso a elogiar al rey. Afirmaba que Arquelao había superado todos los éxitos logrados por sus ocho predecesores.

Por desgracia, todo lo bueno se acaba. Arquelao murió en el año 399 a. e. c. mientras cazaba. No cayó a manos de una bestia, sino que fue asesinado por uno de sus pajes reales, Crateos. Su repentina muerte casi revirtió el creciente prestigio de Macedonia, ya que el reino pronto entró en un período de caos, con varios reyes reclamando el trono en solo una década.

Capítulo 4: De Amintas III a Pérdicas III

La paz solo fue temporal para Macedonia, ya que el reino se vio sumido de nuevo en un periodo de disturbios poco después de la desafortunada muerte de Arquelao I. Lo que ocurrió exactamente durante los años que siguieron a la muerte del rey es bastante impreciso, pero podemos suponer con seguridad que la corona macedonia pasó al menos a tres desconocidos individuos en casi una década. Al difunto rey le sucedió inmediatamente su hijo, Orestes. Dado que era solo un niño cuando las responsabilidades llamaron su nombre, Orestes reinó con su único tutor, Aéropo II.

Por razones desconocidas —quizá la codicia lo había consumido por completo—, Aéropo II pronto se inquietó por tener que gobernar a la sombra del joven monarca. Así que el guardián tomó cartas en el asunto. Asesinó al joven rey y usurpó el trono, gobernando él solo el caótico reino. No se sabe con certeza cuánto tiempo reinó Aéropo, pero los historiadores coinciden en que el guardián convertido en rey sucumbió a una misteriosa enfermedad en algún momento del año 395 a. e. c. Aunque otras fuentes sostienen que el trono macedonio pasó brevemente al hermano de Orestes, Arquelao II, poco después, otros están seguros de que fue Pausanias, hijo de Aéropo, quien tomó el manto tras la muerte de su padre. Aunque bendecido con el trono en un principio, Pausanias fue quizá castigado por los dioses por el pecado de su difunto padre: el rey fue asesinado el mismo año de su sucesión.

El asesino de Pausanias fue Amintas III, bisnieto de Alejandro I que pronto sería conocido como rey de Macedonia y padre de Filipo II. Nunca podremos estar seguros de si su sucesión al trono se enfrentó a alguna oposición por parte de los macedonios, pero sin duda el rey estaba rodeado de amenazas extranjeras más allá de sus fronteras, especialmente las impuestas por los invasores ilirios. En el 393 a. e. c., el mismo año de su coronación, Amintas se exilió a causa de los ilirios, aunque regresaría un año después para reclamar sus derechos. A partir de ahí, los registros sobre el rey comienzan a contradecirse.

Algunos historiadores afirman que Amintas buscó refugio en Tesalia, donde utilizó exitosamente su brillantez diplomática para establecer una alianza con los tesalios, persuadiéndolos para que lo ayudaran en su misión. Un año más tarde, con la ayuda de Medio, jefe de la familia tesalia de Larisa, Amintas expulsó a los ilirios de su patria y recuperó el trono. Otros documentos, sin embargo, sugieren que Amintas nunca buscó la ayuda de los tesalios, sino que se dirigió a Olinto.

Al separarse de la Liga de Delos (una asociación de ciudades-estado griegas dominada por Atenas) en 432 a. e. c., varias ciudades calcídicas se trasladaron a Olinto, formando la Liga Calcídica. Aunque Atenas y Esparta habían acordado desintegrar la liga tras la Paz de Nicias en el 421 a. e. c., la liga se salvó debido a otro problema creciente que llamó la atención de las dos poderosas ciudades. Con el tiempo, la liga acogió a algunas ciudades-estado más, entre ellas Argilos, Akanthos y Estagira, lo que más tarde se tradujo en su rápida expansión a lo largo del siglo IV a. e. c.

Conociendo el poder de la Liga Calcídica en aquel momento, Amintas decidió proponer un trato. Para asegurarse una parte de su territorio, Amintas cedió sus fronteras orientales a Olinto, con la esperanza de que la Liga Calcídica pudiera proteger una parte de su reino en caso de necesidad. Este acuerdo, sin embargo, era solo para mantenerlo hasta que pudiera expulsar a los invasores y reclamar legítimamente el trono.

Al cabo de un año, Amintas recuperó el trono y exigió a Olinto que cumpliera su parte del trato: devolver los territorios cedidos por el rey macedonio el año anterior. Aunque esta vez la Liga Calcídica le devolvió sus fronteras orientales sin rechistar, Amintas pronto se enfrentaría a problemas cuando volvió a ceder territorios, incluida Pella, a Olinto mientras resolvía algunos de sus asuntos —que hoy siguen siendo desconocidos para nosotros. En el segundo acuerdo, se dice que también se concedieron a Olinto los derechos sobre la madera de alta calidad de Macedonia. Con los preciosos recursos en sus manos, Olinto suministraba madera a Atenas, que a su vez proporcionaba a la liga unos beneficios extravagantes. Así, cuando Amintas regresó por segunda vez y exigió sus territorios, Olinto no se mostró nada complacido. Algunas fuentes afirman incluso que la liga llegó al extremo de colocar a un usurpador en Macedonia durante dos años consecutivos. Al ver a Olinto como su enemigo, Amintas salió de su reino en busca de un nuevo aliado.

Por aquel entonces, la Liga Calcídica había crecido en poder y obtenido riquezas suficientes como para, según se dice, haber planeado expandir su influencia a Acanto y Apolonia, además de Macedonia. Así pues, las ciudades alarmadas, junto con Amintas, acudieron a Esparta en busca de ayuda. Como Esparta tenía autoridad para defender e instaurar la paz en las ciudades griegas tras la Paz del Rey (el tratado que puso fin a la guerra de Corinto), estaba más que dispuesta a echar una mano. Al fin y al cabo, Olinto contaba con el apoyo de Atenas y Tebas, tradicionales rivales de Esparta.

La alianza entre Esparta y Macedonia sufrió al principio dos derrotas frente a Olinto, pero los espartanos nunca se dejaron vencer fácilmente. En 379, consiguieron destruir la liga, lo que provocó su disolución. El poder de la liga, sin embargo, fue restablecido dos décadas más tarde y se hizo aún más fuerte. Con sus territorios de nuevo en su poder, Amintas entabló relaciones con Atenas, llegando a un acuerdo para suministrarles madera y llenar así generosamente las arcas de su reino. Amintas también reforzó la alianza entre Macedonia y Atenas apoyando la reivindicación ateniense sobre Anfípolis y adoptando como suyo al general ateniense Ifícrates. El general pronto desempeñaría un papel en el ascenso de Alejandro II.

Alejandro II era hijo de Amintas III y su reina, Eurídice I. También era el mayor de sus hermanos, Pérdicas III y Filipo II, que pronto se turnarían como gobernantes de Macedonia. Cuando Amintas murió en el año 370 a. e. c. por causas naturales, Alejandro asumió el trono un año después a pesar de su corta edad. Al igual que su padre, Alejandro tuvo que enfrentarse a múltiples fuerzas que amenazaban el reino desde todos los flancos: las fronteras noroccidentales fueron violadas por los ilirios, mientras que, por el este, un pretendiente a la corona llamado Pausanias había llegado para saquear al rey. En poco tiempo, Pausanias había conseguido capturar varias ciudades macedonias, pero las cosas se agravaron cuando se dirigió a Pella, amenazando a Eurídice y a sus hijos pequeños con su posible desenlace si Alejandro se negaba a dimitir. Sin perder tiempo, Alejandro reunió todas las fuerzas que pudo y llamó a Ifícrates, que en ese momento se dirigía a Anfípolis. Con las feroces fuerzas bajo el mando del general ateniense, Alejandro repelió con éxito a sus enemigos. Por su parte, Pausanias sobrevivió y regresaría años más tarde para perturbar el reinado de Filipo II.

Pronto estalló una guerra civil en Tesalia, lo que llevó a los Aleuadea, una noble familia tesalia, a pedir ayuda al rey macedonio. Una vez más, Alejandro reunió sus fuerzas y las envió a la región, donde consiguió hacerse con el control de varias ciudades, entre ellas Larisa. Aunque al principio los tesalios agradecieron su intervención, su relación no tardó en agriarse cuando el rey dio un paso en falso. Tal vez deseoso de consolidar su poder, Alejandro estacionó guarniciones macedonias en las ciudades, lo que sin duda enfureció a los tesalios. Dieron la espalda a los macedonios e informaron a Tebas, que en aquel momento era la principal potencia militar de Grecia. En respuesta, Tebas envió a su mejor general, Pelópidas, y a sus tropas de élite a Tesalia, donde consiguieron expulsar a las guarniciones.

Tebas se dirigió entonces a Alejandro para exigirle una respuesta por su decisión. Sin embargo, la violencia se evitó en gran medida gracias a las negociaciones propuestas por el cuñado del rey, Ptolomeo de Aloro. A través de Ptolomeo, el rey accedió a dar la espalda a Atenas y formar en su lugar una nueva alianza con Tebas. También se exigió a Macedonia que entregara rehenes a Tebas. Los rehenes, sin embargo, no debían proceder de ciudadanos de poca monta: Tebas exigía jóvenes nacidos en familias nobles. Bajo la presión de Ptolomeo, Alejandro cumplió las condiciones y envió a Tebas a su propio hermano, el joven Filipo II, y a un puñado de muchachos nobles. Si el rey violaba la paz y causaba problemas, los rehenes no volverían a ver a su familia. Los tebanos tenían todo el derecho a hacer daño a los muchachos o, peor aún, a ejecutarlos. Aunque Ptolomeo había aconsejado a ambas partes que evitaran otro choque de espadas, también tenía otra intención: arrebatar el trono a Alejandro II.

Los escritores antiguos creían que Ptolomeo de Aloro había mantenido una relación secreta con la esposa de Amintas III, la reina macedonia Eurídice. Su plan inicial era casarse después de haber depuesto a Amintas con sus propias manos. Mediante el matrimonio con Eurídice, Ptolomeo tendría derecho a acceder al trono. Sin embargo, su traicionero plan fue descubierto más tarde por Eurínice, la hija de la reina, que se apresuró a denunciarlos ante su padre, Amintas. El rey, no obstante, perdonó a Eurídice por el bien de sus hijos. Amintas murió poco después, lo que permitió a Ptolomeo hacerse con el trono. Y así, tras fingir que ayudaba al nuevo rey macedonio, Ptolomeo finalmente llevó a cabo su plan: asesinó al joven Alejandro II y se hizo con el trono. Después se casó con Eurídice, aunque no se sabe con certeza si el matrimonio fue voluntario. Los expertos sugieren que Eurídice solo aceptó casarse con el asesino de su hijo mayor para proteger los derechos de Pérdicas III y Filipo II.

La noticia del asesinato de su rey pronto resonó en todo el reino macedonio como una tormenta, provocando el descontento de muchos, especialmente de los nobles y las familias reales. No estaban a favor de Ptolomeo, por lo que los macedonios (muy probablemente Eurídice estaba implicada) pidieron ayuda al general tebano Pelópidas. Dado que ninguno de los herederos de Alejandro era apto para sentarse en el trono —Pérdicas III era un niño, mientras que Filipo II ya había sido enviado como rehén a Tebas—, Pelópidas nombró a Ptolomeo regente del reino al menos hasta que Pérdicas tuviera edad suficiente para tomar las riendas y gobernar Macedonia. Ptolomeo se adhirió al general tebano y se estableció como regente. Pero, en algún momento del año 364 a. e. c., casi tres años después de la muerte de Alejandro, fue asesinado nada menos que por Pérdicas III.

A diferencia de sus predecesores, los detalles del reinado de Pérdicas son imprecisos. Consiguió el trono, pero también heredó un reino lleno de problemas y guerras. Se dice que Pérdicas entró en guerra contra Atenas cuando apoyaba claramente la independencia de Anfípolis. Fuera del ámbito militar, Pérdicas era un mecenas de eruditos y tenía en gran estima a Éufreo de Oreo, alumno de Platón. El filósofo también fue nombrado consejero del rey. En algún momento de su reinado, el rey macedonio habría persuadido a los tebanos para que liberaran a su hermano Filipo II, que había servido como rehén en la ciudad durante su adolescencia.

Al percatarse de las crecientes amenazas impuestas por el rey ilirio Bardilis, Pérdicas planeó conquistar la región tribal en el año 360 a. e. c. Aunque Pérdicas era ambicioso, el ejército macedonio no estaba ni mucho menos preparado para enfrentarse a fuerzas tan formidables, y su expedición para expulsar a las amenazas extranjeras se convirtió en un desastre. El ejército macedonio fue aplastado, con Pérdicas entre las víctimas del campo de batalla. Los que sobrevivieron a los feroces ilirios fueron presa de un pánico tan extremo que acabaron por perder la fe en continuar la guerra. Y así, Macedonia se vio arrojada de nuevo a un abismo de caos, avanzando lentamente hacia la destrucción total. Sin embargo, hasta que un nuevo rey subió al trono y allanó el camino para que el reino se recuperara y expandiera su influencia más allá de sus fronteras.

Capítulo 5: Filipo II: el rey que sentó las bases de las conquistas de Alejandro Magno

Filipo II, el hijo menor de Amintas III, nació en Pella, pero no creció en la ciudad. Como se detalla en el capítulo 4, el futuro rey de Macedonia fue enviado a Tebas como rehén y permaneció en la ciudad hasta que Pérdicas III negoció su liberación muchos años después. Aunque llegó como rehén, Filipo, de quince años, nunca fue tratado como tal. Se le permitió reanudar sus estudios y recibió clases de varios tutores de gran prestigio, entre ellos el filósofo y amigo de Pitágoras, Lisis de Taras. Filipo también quedó al cuidado de Pamenes, un general tebano que más tarde le presentaría a sus contactos más cercanos, Epaminondas y Pelópidas.

Epaminondas, un notable experto de la guerra, se convirtió en un modelo para Filipo. A través de Epaminondas, el futuro rey pudo observar el entrenamiento del aguerrido ejército tebano, especialmente el Batallón Sagrado de Tebas, que Filipo admiraba enormemente. Aquí, el joven príncipe macedonio aprendió algunas de las brillantes técnicas de batalla y formaciones militares que más tarde utilizaría para convertir al ejército macedonio en una de las fuerzas más formidables del mundo antiguo, una fuerza que heredaría Alejandro Magno para acompañarlo a lo largo de sus exitosas conquistas.

Entre los diecisiete y los dieciocho años, Filipo obtuvo permiso de los tebanos para regresar a su patria. Sin duda, Pérdicas III era consciente de las capacidades militares y bélicas de su hermano tras sus estudios con Epaminondas. Por ello, nombró a Filipo gobernador de las provincias orientales, donde dirigiría la infantería y la caballería macedonias y repelería los disturbios provocados por tracios y peonios. Durante estas escaramuzas, el futuro rey aplicó las tácticas militares que había aprendido años atrás y experimentó con diversas formaciones.

Macedonia se sumió pronto en el caos cuando Pérdicas III cayó en combate. Se dice que nombró sucesor a su hijo, Amintas IV, pero el antiguo rey había muerto demasiado pronto: en el momento de la muerte de Pérdicas, Amintas no era más que un niño. A diferencia de los antiguos egipcios, que siglos más tarde tuvieron a un faraón de ocho años gobernando su tierra, los macedonios no estaban tan dispuestos a que su reino, ya de por sí caótico y dividido, fuera gobernado por un niño. as miradas se posaron en Filipo II, a quien se asignó como regente hasta que Amintas alcanzara la mayoría de edad. Con la oportunidad al alcance de la mano, Filipo no tenía intención de devolver la corona a su sobrino, así que usurpó el trono. Amintas, en cambio, se salvó, ya que Filipo no veía en él ninguna amenaza.

Viendo el estado calamitoso de Macedonia, Filipo sabía que tenía que tomar cartas en el asunto si quería tener un reinado largo. Lo primero que debía hacer era asegurar la frontera norte de Macedonia: el rey debía detener las amenazas que continuamente propagaban los ilirios y los peonios. Sin embargo, el ejército macedonio no estaba en condiciones de enfrentarse a las tribus en el campo de batalla. Ya lo había hecho Pérdicas, y le costó la vida. Estaba claro que los soldados aún no estaban preparados para enfrentarse a tales enemigos. Así que Filipo recurrió a la diplomacia, una táctica en la que estaba muy versado.

Reuniendo fuerzas de los restos del ejército macedonio, el rey se reunió con el rey ilirio Bardilis y llegó a un acuerdo. A cambio de la paz, Bardilis exigió tres cosas al nuevo rey macedonio. Para sellar su acuerdo diplomático, Filipo debía casarse con la nieta de Bardilis, Audata. Los macedonios también debían reanudar sus tributos a Iliria, y Filipo debía entregar la Alta Macedonia a Bardilis. Filipo aceptó las tres propuestas presentadas por el nonagenario rey. Así, los ilirios dejaron de ser una amenaza para los macedonios, al menos por un tiempo. Filipo se ocupó entonces de su frontera septentrional, donde los peonios habían estado causando problemas. Gracias a los sobornos del nuevo rey macedonio, los peonios envainaron sus armas. En cuanto a los tracios, Filipo no hizo nada. Tracia se encontraba en plena guerra civil tras la muerte del rey Cotis I, por lo que Macedonia quedaba fuera de su foco de atención en ese momento.

Aunque Filipo subió al trono sin ninguna oposición por parte de su pueblo, el rey pronto oyó hablar de pretendientes a la corona que tenían la intención de eliminar su gobierno y apoderarse de Macedonia. El primer pretendiente fue Pausanias, que buscaba una alianza con los tracios. Sin embargo, debido a los problemas internos de Tracia, las tropas estacionadas en Macedonia habían sido retiradas. Por ello, Pausanias no tenía apoyo para desafiar a Filipo. El rey, tan oportunista como siempre, sobornó a los tracios para que acabaran con Pausanias. Los tracios no tardaron en matarlo, dejando a Filipo con un enemigo menos. El trono de Filipo aún no estaba a salvo, ya que también se veía amenazado por los hijos ilegítimos de Amintas III: Arquelao, Arrideo y Menelao. La solución para detener a sus hermanastros fue bastante sencilla. Filipo mandó asesinar a Arquelao como escarmiento para los pretendientes a la corona. Arrideo y Menelao recibieron el mensaje y, aterrorizados, huyeron del reino —o fueron exiliados— a la ciudad calcídica de Olinto. El rey y sus dos hermanastros volverían a encontrarse pronto, pero Arrideo y Menelao no tendrían adónde huir. Ambos fueron ejecutados por Filipo.

Otro pretendiente a la corona —y el más audaz de todos— era Argeo II, que había conseguido una alianza con Atenas. Sin embargo, Filipo conocía la verdadera intención tras su apoyo. Los atenienses llevaban tiempo deseando recuperar Anfípolis, una ciudad independiente que podía proporcionarles generosos suministros de madera y oro de las regiones cercanas. Mediante una alianza con Argeo, los atenienses podrían afirmar su poder sobre la ciudad, ya que Argeo había prometido entregar Anfípolis si alguna vez derrotaba a Filipo y se proclamaba rey. Sin un ejército de élite a su disposición, una batalla con los atenienses sería fatal, por lo que Filipo recurrió a astutas artimañas.

El antiguo rey Pérdicas había instalado una guarnición macedonia en Anfípolis para ayudar a la independencia de la ciudad, algo que no gustaba tanto a los atenienses. Para persuadir sutilmente a Atenas de que retirara su apoyo a Argeo, Filipo hizo volver a sus soldados a Pella, retirando la guarnición. Esto hizo creer a los atenienses que los macedonios habían retirado su reclamación sobre Anfípolis, por lo que no tenían motivos para ayudar a Argeo. Sin las tropas y la protección de

Atenas, Argeo volvió al punto de partida. Sin embargo, el pretendiente no tenía la intención de marcharse con las manos vacías. Contrató mercenarios y reunió a macedonios exiliados antes de marchar hacia la antigua capital macedonia, Egea. Planeó desesperadamente organizar una revuelta contra Filipo, pero los macedonios lo rechazaron. Sin más opciones, Argeo se retiró a Metone, con la esperanza de conseguir más mercenarios para formar una fuerza mayor. Sin embargo, esta fue la última vez que se oyó su nombre. En algún momento de su viaje, Argeo fue interceptado por Filipo, quien lo sometió a la espada.

A pesar de su éxito a la hora de consolidar su poder y asegurar las fronteras, Filipo sabía que pronto se vería en la necesidad de ir a la guerra: la diplomacia por sí sola no aseguraría la gloria de su reino. Así pues, Filipo centró su atención en los débiles soldados macedonios. Utilizando las enseñanzas y observaciones del ejército tebano de sus años como rehén, Filipo promulgó una reforma militar que acabaría convirtiendo a los macedonios en una de las fuerzas más temidas del mundo helénico.

La mayor parte del ejército macedonio consistía en infantería ligera y caballería, ambas no solo mal equipadas, sino también inadecuadamente entrenadas; la mayoría de las veces, el reino alistaba a campesinos y granjeros con gran necesidad monetaria. Lo mismo podía decirse de las unidades de élite. Aunque estaban armadas al estilo de los hoplitas griegos, sus habilidades, equipamiento y número eran muy inferiores a los de la mayoría de los enemigos de Macedonia. El entrenamiento por sí solo no era suficiente, por lo que Filipo introdujo algunos cambios en su equipo. Inspirándose en los estilos de los hoplitas pesados y los peltastas ligeros griegos, equipó a las unidades de infantería con cascos de bronce, grebas y botas altas. En lugar de llevar pesadas corazas como los hoplitas de las ciudades-estado griegas, la infantería macedonia solo llevaba una túnica de tela con una coraza más ligera. Una armadura pesada solo pondría en peligro sus maniobras.

Los hoplitas griegos
https://commons.wikimedia.org/wiki/File:Two_hoplites.jpg

Aunque la ausencia de corazas pesadas podía poner en peligro a los soldados de infantería, se compensaba con la sarisa, una lanza de cuatro a seis metros hecha de madera de cornal, una madera de alta calidad originaria del reino. La punta aerodinámica de la sarisa estaba tallada en hierro macizo, diseñada para atravesar la armadura y llegar hasta lo más profundo de la carne del enemigo. Dado que la infantería debía usar ambas manos para manejar la sarisa, se la equipaba además con una pelta (un pequeño escudo griego) colgada de los hombros.

Falange macedonia en formación de batalla
https://commons.wikimedia.org/wiki/File:Makedonische_phalanx.png

Dado que un soldado con sarisa probablemente perdería en una lucha uno contra uno, la infantería atacaba en una formación rectangular llamada falange macedonia. Mientras marchaban, sostenían las largas picas con las puntas apuntando al cielo. Cuando se acercaban al enemigo, las cinco primeras filas apuntaban con sus sarisas hacia delante, mientras que las filas de detrás mantenían sus armas en un ángulo de 45 grados. Las últimas filas, sin embargo, mantendrían sus sarisas en posición vertical. Con esta formación, la infantería enemiga tendría dificultades para abrirse paso: las cinco primeras filas destruirían las primeras líneas del enemigo, mientras que las sarisas en ángulo protegerían a la tropa de cualquier proyectil entrante.

Para llevar a cabo su reforma militar, Filipo añadió 4.000 hombres más a los cuarteles. Su entrenamiento, a menudo dirigido por el propio rey, era bastante duro para asegurarse de que estuvieran aguerridos en todo momento. Marchar y correr largas distancias con el equipo completo eran la norma para que los soldados se mantuvieran en forma. Se los llevaba a diferentes terrenos, donde se entrenaban para maniobrar con eficacia y cambiar de formación cuando surgía la necesidad.

El rey macedonio también fundó una unidad de élite completamente nueva cuya principal responsabilidad era proteger al rey. Conocidos como los *pezhetairoi*, o «compañeros de a pie», eran la versión de Filipo del Batallón Sagrado tebano. El rey elegía a estos soldados de élite en función de su fuerza y tamaño. Durante la batalla, esta unidad solía situarse a la derecha de la falange, acompañando al rey. Sin embargo, bajo el reinado de Alejandro Magno, esta unidad pasaría a llamarse hipaspistas, mientras que la falange macedonia se denominaría a veces *pezhetairoi*.

Filipo también introdujo cambios en la caballería macedonia. Macedonia siempre fue conocida por su caballería de élite, denominada en su lengua materna *hetairoi* (los compañeros), pero su número se deterioró terriblemente tras la derrota de Pérdicas contra los ilirios. Así que Filipo tuvo que ampliar sus opciones. Además de alistar a nobles macedonios, el rey también absorbió a tesalios y otras fuerzas montadas griegas en su regimiento de caballería. Los *hetairoi* iban a la batalla con coraza y gorjal (ambas de bronce) y portaban una lanza de dos metros de longitud. Si la lanza se rompía, utilizaban una kopis o xifos, una espada corta y afilada.

Para su defensa llevaban un casco frigio y botas de metal, aunque el casco fue sustituido por otro de estilo beocio bajo el reinado de Alejandro. Dado que la caballería debía utilizar el poder de la carga para romper devastadoramente las líneas enemigas, la unidad se disponía en una cuña triangular. Esta formación especial comenzaba con un solo jinete al frente, seguido de un número creciente de ellos en cada fila. Cada formación de cuña constaba de 200 jinetes.

Además de centrarse en los soldados, Filipo prestó atención a las máquinas de asedio de los macedonios. Catapultas, torres de asedio, arietes y arcos mecánicos montados eran necesarios para el éxito de un asedio, por lo que el rey aumentó su producción, que se centró en Pella. Filipo también contó con la ayuda de un innovador tesalio llamado Polidio, que fue nombrado ingeniero jefe del reino. Se dice que Polidio contribuyó enormemente a la mejora de las máquinas de asedio de Filipo, pero su creación más notable fue la *katapeltai makedonikoi* (catapulta macedonia), un tipo mejorado de catapulta de torsión que podía disparar proyectiles a una distancia de hasta 300 metros. Esta catapulta especial también podía instalarse en lo alto de las torres de asedio, proporcionando cobertura adicional a las máquinas.

Con su gran reforma militar y soldados entrenados duramente para sus próximas campañas, Filipo planeaba acabar de una vez por todas con los disturbios a lo largo de sus fronteras. Centró su atención en los peonios, cuyo rey acababa de morir, dejando todo el reino sumido en el caos. Era el momento de asestar un golpe, así que Filipo dirigió su ejército hacia Peonia, donde se enfrentó al enemigo en una batalla campal. Con la victoria, Filipo garantizó la seguridad de los macedonios frente a los peligros que planeaban los peonios.

Sin embargo, el rey aún no estaba listo para regresar a su patria, ya que tenía una amenaza más de la que ocuparse: los ilirios. Aunque ya habían zanjado el asunto con un tratado, era solo cuestión de tiempo antes de que estallara de nuevo la guerra. Y así, Filipo dirigió sus tropas hacia el oeste. Sorprendido por el repentino ataque, Bardilis intentó evitar la batalla negociando con Filipo. Los ilirios se quedarían con los territorios superiores, pero no volverían a invadir Macedonia. Filipo confiaba en poder derrotar a los ilirios esta vez —los macedonios superaban en número a los ilirios por cien— por lo que rechazó inmediatamente la oferta. A continuación, tuvo lugar otra encarnizada batalla cerca del lago Ohrid, que, como era de esperar, se saldó con la victoria de los macedonios.

Con los ilirios aniquilados y los peonios fuera de su camino, Filipo ya no tenía que proteger su reino discretamente. El estruendo de su nuevo ejército pronto llegaría más allá de sus fronteras, haciendo que sus enemigos los pensaran dos veces antes de invadir Macedonia.

Mientras recuperaba sus territorios superiores, el rey macedonio también había añadido un nuevo enemigo a su larga lista. Esta vez, la nueva incorporación eran los atenienses. Filipo había puesto sus ojos en Crénides (Krinides) en gran parte debido a la rica mina de oro de la ciudad. Para ello, sin embargo, Filipo debía atravesar el paso meridional de Anfípolis, la preciada ciudad independiente que Atenas había estado intentando apoderarse. Así que Filipo recurrió a convertir astutamente esta situación en una ventaja para él. En la primavera del 356 a. e. c., el rey macedonio realizó un movimiento inesperado para los atenienses: sitió Anfípolis, lo que llevó a la ciudad a despachar enviados a Atenas, suplicando ayuda para repeler a los macedonios. Atenas se sintió desconcertada por este acto. Algunos afirmaron que el asedio era una declaración de guerra y que debían tomar represalias, mientras que otros sugirieron que esperaran a las explicaciones de Filipo. Poco después, los atenienses recibieron una carta del rey macedonio, quien afirmaba que no tenía intención de apoderarse de Anfípolis para sí, sino que se limitaba a ayudar a Atenas a recuperarla. A cambio de Anfípolis, Atenas debía entregar la ciudad de Pidna a los macedonios. Sin embargo, a pesar del acuerdo de los atenienses, Filipo rompió el trato. Con Anfípolis asegurada, Filipo marchó hacia Pidna, atacándola e incorporando la ciudad a su reino. Atenas, humillada por los macedonios y perdiendo ambas ciudades de un solo golpe, declaró la guerra.

Mientras tanto, Filipo se había asegurado una alianza con la Liga Calcídica, a la que también Atenas había solicitado ayuda, pero sus ofertas de negociación no podían compararse con las de Filipo. A cambio del apoyo de la liga contra Atenas, Filipo liberaría Potidea para los caldeos. El rey también entregaría la ciudad de Antemunte a la liga. Esta vez Filipo cumplió su promesa, ya que entregó inmediatamente Potidea a la liga tras el éxito de la liberación.

Filipo había tenido otra oportunidad de oro. El nuevo rey de Tracia occidental, Cetripóride, había hecho marchar a sus tropas hacia Crénides, con la esperanza de asegurarse sus riquezas. Al principio, Crénides buscó ayuda en la ciudad de Tasos, controlada por los atenienses, pero, para su decepción, nunca llegaron refuerzos. Sin otra opción, Crénides recurrió a Filipo, que repelió a los atacantes rápidamente, salvando así a Crénides de la destrucción. Con la derrota de los tracios, Filipo fue aclamado como un héroe y pudo asegurar la región sin ser tachado de invasor. La ciudad pasó a llamarse Filipo y, tal y como esperaba el rey, sus minas de oro beneficiaron enormemente al reino macedonio: Macedonia obtenía al menos mil talentos anuales frente a Atenas, cuyos ingresos anuales no superaban los 400 talentos anuales. Con suficiente dinero en el cofre, Filipo puso sitio a una ciudad más en 355 a. e. c.: la ciudad de Metone, aliada de Atenas, en el golfo Termaico. El asedio, sin embargo, fue bastante intenso. El propio rey perdió un ojo durante el asedio. Dejando a un lado las bajas, los macedonios volvieron a salir victoriosos en el verano del 354 a. e. c. Sin embargo, la rivalidad entre Macedonia y Atenas se prolongaría durante casi una década.

Incluso después de años de campaña y captura de ciudades, Filipo nunca permanecería mucho tiempo en su capital. Es más, estuvo ausente, ocupado en campañas bélicas, durante el nacimiento de su precioso hijo, Alejandro III (que pronto sería conocido como Alejandro Magno), en el año 356 a. e. c. El rey se negó a quedarse quieto hasta que introdujo su influencia en la península griega. Como si los dioses lo hubieran favorecido, el rey macedonio no tardó en ser invitado a tierras griegas: Filipo recibió una petición de ayuda de Tesalia, que se había visto envuelta en la tercera guerra sagrada.

Se decía que la guerra había comenzado a raíz de una revuelta de los focianos. La Liga Anfictiónica, encargada de proteger el santuario sagrado de Apolo en Delfos, había impuesto una elevada multa a los focianos por haber cultivado los alrededores de Delfos. Incapaces de pagar la multa, los focianos, bajo el mando de Filomelo, optaron por la violencia: arrasaron Delfos y tomaron la ciudad para sí. Esto, a todas luces, era una declaración de guerra. Y así, para seguir ampliando sus fuerzas, Filomelo utilizó el tesoro del templo para financiar sus futuros ataques.

Una de las mayores batallas durante este período fue la batalla de Keon. Aunque los focianos fueron ampliamente derrotados y el ladrón del templo Filomelo fue asesinado, la guerra continuó. En sustitución de Filomelo llegó Onomarco, que se puso en contacto con Atenas y Esparta en busca de ayuda. Con el tiempo, la guerra llegó a Tesalia. Aunque Tesalia era conocida por su firme apoyo a los anfictiónicos y su odio final a los focianos, una ciudad concreta de la región tenía una opinión diferente. Se trataba de la ciudad de Feras, y su pueblo optó por aliarse con los focianos, dejando al resto de la Confederación Tesalia sin otra opción que atacar. Fue entonces cuando Filipo entró en escena.

Aceptando la petición de ayuda, Filipo llevó su ejército a Tesalia. Desafortunadamente, los dioses no estaban de su lado esta vez. Filipo fue derrotado por Onomarco en batalla dos veces. Tras retirarse a Macedonia, Filipo aprovechó el invierno para planear su venganza. Junto con la alianza de Tesalia, Filipo consiguió reunir un ejército de 23.000 hombres: 20.000 de infantería y 3.000 de caballería. Primero capturó el puerto de Pagasas para impedir que Feras recibiera refuerzos por mar. Solo entonces pudo centrarse únicamente en Onomarco y los focianos. Los macedonios, ataviados con coronas de laurel, símbolo del dios Apolo, se enfrentaron a los focianos en el Campo de Azafrán. Aunque los detalles de la batalla son bastante vagos, Filipo ganó la batalla de forma decisiva, vengándose con éxito de sí mismo y de Apolo. Onomarco fue ahorcado y los soldados capturados también, un castigo ritual para los ladrones de templos.

Tras la victoria, Filipo fue nombrado arconte de Tesalia, lo que le otorgó el control total de la confederación. Tras reorganizar Tesalia y asegurarse de que las fronteras de la confederación estaban bien protegidas, Filipo planeó avanzar hacia Grecia Central. Aunque a menudo se discute su intención, posiblemente se debiera a que pretendía invadir Fócida. Para entrar en Grecia Central, los macedonios tuvieron que marchar a través del paso de las Termópilas. Su movimiento fue observado por Atenas, que empezó a inquietarse. Una vez que Filipo cruzara las Termópilas, había muchas posibilidades de que entrara en Atenas. Después de todo, Macedonia y Atenas habían sido enemigos acérrimos durante mucho tiempo, por lo que era completamente justo que Atenas se inquietara por cada paso de su némesis. Y así, Atenas, Fobia y Esparta unieron sus fuerzas para defender las Termópilas y detener el creciente poder de Filipo. En este punto, otra guerra estaba claramente en el horizonte, pero las cosas tomaron un giro diferente cuando los focianos tuvieron un cambio de opinión. Quizás perdiendo la fe en ganar una guerra contra la maquinaria bélica de Filipo, los focianos retiraron su defensa y negociaron la paz con Macedonia.

Incapaz de marchar hacia las Termópilas e interceptar a los macedonios, Atenas quedó expuesta. Sola, la guerra con Filipo significaba una derrota segura, por lo que los atenienses recurrieron a un gesto diplomático. La ciudad envió una embajada en 346 a. e. c. encabezada por Filócrates, Demóstenes y Esquines a Macedonia, donde presentaron al rey un acuerdo de paz. Este tratado, conocido como la Paz de Filócrates, puso fin a diez años de rivalidad entre Macedonia y Atenas, pero solo por un tiempo. Filipo nunca tuvo intención de alcanzar la paz, ya que pronto se vería envuelto en otra guerra con su antiguo enemigo y sus aliados.

Capítulo 6: La batalla de Queronea y la Liga de Corinto

Puede que la Paz de Filócrates fuera impopular, especialmente entre los atenienses, pero puso distancia entre Macedonia y Atenas, poniendo fin a su disputa de una década, aunque por poco tiempo. Filipo, un rey poco dado a quedarse de brazos cruzados, siempre estaba en movimiento, a la espera de aprovechar cualquier oportunidad que le concedieran los dioses para ampliar su legado. A lo largo de sus campañas, Filipo había conseguido algunos aliados. En caso de necesidad, sería el primero en reunir a sus tropas y echarles una mano; así lo hizo en 343 a. e. c., tres años después de la firma del tratado de paz.

Se dice que la ciudad de Cardia (Kardia), en el Quersoneso, que había acogido a colonos atenienses desde el siglo VI a. e. c., nunca tuvo intención de jurar lealtad plena a la ciudad, sino que optó por permanecer neutral en ciertos asuntos. Solo con la llegada de los macedonios comenzó a cambiar de bando. Bajo el reinado de un príncipe tracio, Cardia acordó un tratado de amistad con Filipo II. Por ello, cuando en 343 a. e. c. la ciudad recibió al capitán mercenario ateniense Diopites, Cardia estaba preparada para enviar un mensaje al rey macedonio solicitando su ayuda.

El enfrentamiento entre Cardia y Diopites estalló cuando el capitán ateniense exigió a la ciudad tracia que acogiera a un grupo de colonos, orden que los Cardia no estaban dispuestos a cumplir. Aunque los detalles de la contienda son pocos, se supone que Diopites se enfureció tanto por la negativa de los cardios que llegó al extremo de capturar y torturar a dos heraldos macedonios en la ciudad. Al conocer la noticia, Filipo reunió sus fuerzas y las envió a Cardia, pero solo después de solicitar ayuda adicional a sus otros dos aliados: Perinto y Bizancio. Sin embargo, las dos ciudades negaron la petición de ayuda, ya que veían a Filipo como una amenaza mayor tras su rápida expansión.

En respuesta a la traición, Filipo sitió Perinto. Desgraciadamente, la ciudad había recibido ayuda de Bizancio y del Imperio aqueménida, que les suministraban continuamente recursos y hombres. Además, las flotas de Filipo no podían atravesar el Helesponto, ya que los atenienses habían bloqueado su paso. Tres meses más tarde, Filipo condujo a la mitad de sus fuerzas desde Perinto y marchó hacia Bizancio. Aunque en un principio Filipo estaba dispuesto a razonar con la ciudad ofreciendo negociaciones, Bizancio prefirió su derrota. Así pues, los macedonios sitiaron la ciudad, lo que pronto se convirtió en un nuevo fracaso. En algún momento de este asedio, Filipo se dio cuenta de que los atenienses estaban ansiosos por romper su acuerdo de paz: los macedonios consiguieron capturar 180 flotas atenienses en ruta para suministrar valiosos recursos a la sitiada Perinto y a Bizancio. Rápidamente, Filipo escribió una carta a Atenas exigiendo explicaciones por sus flotas. La carta fue tratada entonces por los atenienses como una declaración de guerra. Con tal carta, la Paz de Filócrates era cosa del pasado. Filipo ya no podía aferrarse a la tregua y trató de dominar la ciudad de una vez por todas.

El odio de los atenienses hacia el rey «bárbaro» fue impulsado aún más por Demóstenes, el orador que ansiaba ver la caída de Filipo y su reino macedonio. Se oponía enérgicamente al rey macedonio, que devoraba trozo a trozo los territorios de su gran ciudad. Así que arrojó palabras de desprecio sobre Filipo a sus compatriotas atenienses en la asamblea pública. El primer discurso de odio, conocido como la Primera Filípica, fue pronunciado en algún momento entre 352 a. e. c. y 349 a. e. c. En él, Demóstenes presionaba a los atenienses para que se opusieran al rey y detuvieran sus avances allá donde se fijara su campaña.

Demóstenes se pasó a su faceta diplomática tras la derrota de Atenas durante un enfrentamiento con Filipo en una ciudad aliada de Atenas, Olinto. En su célebre discurso, el orador sugirió a su pueblo que considerara un tratado de paz, alegando que se podía razonar con Filipo.

Aunque formó parte de la delegación enviada a Macedonia y participó en la orquestación de la Paz de Filócrates, su odio hacia el rey no podía ocultarse fácilmente. En su opinión, la única forma de impedir que los macedonios arrasaran las otrora poderosas tierras griegas era enfrentarse a ellos en una batalla campal. Y así, al recibir la carta de Filipo, Demóstenes fue uno de los muchos que mostraron su ansia por asaltar al «bárbaro» rey.

Mientras tanto, en 339 a. e. c., Filipo había estado esperando el momento oportuno para entrar en el sur de Grecia tras su fallido asedio a Bizancio. Su oportunidad de oro se la presentaron los dioses cuando los tesalios solicitaron su ayuda en la cuarta guerra sagrada. Esta vez, la tierra sagrada de Apolo había sido terriblemente cultivada por Anfisa, una ciudad de Fócida. Como líder de la Liga Anfictiónica de Delfos, era imprescindible que Filipo interviniera. Y, como rey de Macedonia, este era su camino hacia el sur de Grecia. Sin embargo, un problema retrasó ligeramente su avance: los tebanos habían capturado Nicea, una ciudad cercana a las Termópilas. Considerando que su ruta principal no era una opción, el rey recurrió a otro pasaje olvidado que podría conducir a sus tropas al centro de Grecia. Tal y como esperaba, ni atenienses ni tebanos habían apostado guarnición alguna a lo largo de la ruta, lo que permitió a Filipo adentrarse sin obstáculos en Grecia central.

Los macedonios llegaron a Fócida en noviembre del 339 a. e. c. Se encontraron sin resistencia tras el indulgente trato de Filipo a los focianos después de la tercera guerra sagrada. (Tras la derrota de los focianos en 336 a. e. c., Filipo había ordenado a la Liga Anfictiónica que se mostrara comprensiva y castigara a los focianos con la mínima crueldad. Como resultado, las ciudades de los focianos fueron destruidas, pero a los ciudadanos se les perdonó la vida y solo se les permitió construir pequeñas aldeas con no más de cincuenta viviendas). Así, cuando Filipo llegó a Elatea, restauró Fócida a su estado anterior, permitiendo que las ciudades fueran reconstruidas y repobladas. Esta estrategia recompensó a los macedonios con la lealtad de Fócida, ya que la ciudad accedió a una alianza. Los focianos proporcionaron a Filipo una base de operaciones en sus tierras y le dieron acceso a sus suministros y recursos. Filipo marchó entonces hacia Anfisa, donde expulsó a sus ciudadanos y entregó la desafiante ciudad a Delfos, completando así su misión en la Liga Anfictiónica.

Como Elatea estaba a pocos días de viaje de Atenas, la gran ciudad estaba aterrorizada. Filipo podía hacer una gran entrada en su ciudad en cualquier momento, y seguramente se producirían grandes bajas. Así que, presa del pánico, Demóstenes buscó una alianza con Tebas, alegando que debían unir sus manos para asegurar la libertad de Grecia. Aunque Tebas también había recibido una embajada de Filipo, solicitando su apoyo y el paso a Beocia, optó por rechazar al rey y ponerse del lado de Atenas. Haciendo uso de su influencia política, Demóstenes viajó por las ciudades griegas, recabando su apoyo para aplastar a los macedonios. En el verano de 338 a. e. c., Demóstenes había aumentado su alianza antimacedónica: Megara, Corinto, Acaya, Córcira, Leucas y varias ciudades eubeas acordaron unirse bajo la bandera de Atenas. Con ello, se avecinaba otra guerra. Aunque los griegos eran superiores en número, Filipo tenía consigo sus dos claves del éxito: su ejército reformado y su hijo de dieciocho años, Alejandro, al frente de la caballería.

La batalla tuvo lugar probablemente en agosto del año 338 a. e. c. Según fuentes antiguas, la coalición Atenas-Tebas había hecho bien en elegir su campo de batalla. Al amanecer, los griegos formaron en la carretera principal de Queronea. Estaban rodeados por las montañas al sur y el río Kifisos (Cefiso) al norte, lo que les proporcionaba suficiente protección en ambos flancos. En el extremo izquierdo, la coalición situó a su infantería pesada ateniense. Estos hoplitas vestían una pesada armadura de bronce y portaban una lanza de dos metros en una mano y un gran escudo en la otra. Aunque tenían un aspecto impresionante, con armaduras pulidas y grebas, los hoplitas atenienses eran bastante inexpertos, ya que la mayoría de ellos acababan de ser reclutados.

Junto a la infantería pesada había varias tropas de hoplitas ligeros y mercenarios escogidos a dedo de todas las ciudades-estado griegas. Iban al campo de batalla no solo por la libertad de Grecia, sino también por las monedas atenienses. Sin embargo, la mayor parte del ejército griego estaba en el extremo derecho. Más de 15.000 hoplitas tebanos se alinearon en su formación con los ojos fijos en los macedonios que tenían enfrente. Sus fuerzas de combate estaban a la altura de los feroces espartanos.

Por último, pero no por ello menos importante, estaban las fuerzas de élite más orgullosas de Tebas, que Filipo reconocería inmediatamente en cuanto llegara al campo de batalla. Se trataba del legendario Batallón Sagrado de Tebas, un grupo de 150 amantes masculinos que luchaban valientemente para demostrar su poderío a sus parejas. En total, la coalición Atenas-Tebas contaba con una fuerza de unos 35.000 hombres.

En el lado opuesto del campo de batalla, se podía ver a Filipo imitando las formaciones de los griegos. Filipo se había posicionado frente a la pesada infantería ateniense. A su derecha había un millar de soldados a distancia bien entrenados, compuestos por una buena mezcla de jabalineros, peltastas y arqueros. Junto a ellos había varias tropas de élite de hipaspistas y piqueros, conocidos en conjunto como los *pezhetairoi*, los protectores del rey macedonio. Los 6.000 soldados estaban al mando de Filipo. En el centro de las fuerzas de Filipo se encontraba nada menos que la infame falange macedonia de 15.000 a 20.000 hombres, que portaba sarisas.

A la izquierda de la impenetrable falange, Filipo dispuso cerca de 6.000 soldados de infantería ligera compuestos por más hipaspistas y lanceros. También los acompañaban a su izquierda 500 compañeros y más de 1.700 soldados de caballería tesalios. Estas fuerzas montadas estaban al mando del príncipe heredero macedonio y futuro rey, Alejandro. Más a la izquierda y junto al río, las fuerzas de Filipo estaban cubiertas por un contingente de arqueros cretenses y peltastas tracios. En comparación con los griegos, los macedonios eran superados en número por unos 5.000 hombres. Filipo comandaba al menos a 30.000 infantes, mientras que Alejandro tenía preparada a 2.000 soldados de caballería.

Cuando el sol de la mañana tocó las tierras cubiertas de hierba del campo de batalla, Filipo dirigió a sus *pezhetairoi* y soldados de fila, avanzando lenta y firmemente hacia los hoplitas pesados atenienses. Al resto del ejército macedonio, en cambio, se le ordenó estrictamente que se mantuviera firme hasta nueva orden. Antes, Filipo había dado instrucciones a su hijo para que esperara el momento oportuno antes de cargar con su caballería contra el enemigo. Sin embargo, no dio más explicaciones, ya que había depositado toda su confianza en el príncipe.

La batalla se desencadenó cuando los arqueros y jabalineros de Filipo lanzaron proyectiles contra los hoplitas. Al acercarse, el rey gritó inmediatamente a sus hombres que cargaran contra los atenienses armados con lanzas. Las bajas se decantaron del lado de los macedonios, ya que los *pezhetairoi* estaban en inferioridad numérica, pero Filipo tenía una estrategia. Cuando la sangre empezó a sustituir a los colores naturales del suelo intacto, Filipo ordenó a sus hombres que se retiraran gradualmente, incitando a los hoplitas fuertemente blindados a perseguirlos. Mientras la infantería ateniense se movía por la mitad del campo de batalla, avanzando sobre los pasos de los *pezhetairoi* en retirada, los mercenarios griegos empezaron a dudar: ¿debían avanzar, ayudando a los hoplitas atenienses, o permanecer con las fuerzas tebanas? Al mismo tiempo, se veía al resto del ejército macedonio avanzar lentamente con Alejandro al mando.

Pasaron unos instantes y parte del centro griego empezó a avanzar hacia el lado de los atenienses, enfrentándose a la mitad de la falange macedonia. Este era el momento que Alejandro había estado esperando: Filipo había logrado romper la formación de la coalición y su flanco izquierdo había quedado lo bastante expuesto como para que la caballería pudiera cargar. Con tanta velocidad, los compañeros (*hetairoi*) galoparon por el campo, obstaculizando a los mercenarios griegos de su izquierda. La falange restante en el centro y los *pezhetairoi* a la izquierda macedonia recibieron órdenes del príncipe de chocar contra las fuerzas tebanas. Fue entonces cuando el campo se convirtió por completo en un baño de sangre. Los mercenarios griegos murieron atravesados por las largas sarisas, los atenienses sufrieron los proyectiles de los *pezhetairoi* y los tebanos se vieron rodeados por Alejandro y sus compañeros.

Habían pasado casi seis horas desde el inicio de la guerra y la mayoría de los griegos empezaban a perder la fe. Por ello, se dio la señal de retirada. La única fuerza que se negaba a renunciar a su honor era el Batallón Sagrado de Tebas, que se defendía desesperadamente de los compañeros macedonios. Uno a uno, fueron reducidos por Alejandro y su caballería hasta que ninguno sobrevivió. El formidable Batallón Sagrado de Tebas, una fuerza de élite admirada por Filipo en su juventud, ya no existía. Y así, la victoria quedó en manos de los macedonios.

A pesar de su triunfo sobre los griegos, Filipo fue sorprendentemente indulgente con Atenas y Tebas. El rey no procedió a asediar las dos ciudades ni el resto de la península griega. Algunas fuentes afirman que incluso se negó a que los griegos se dirigieran a él como rey; solo debían referirse a él como general de Grecia. Pero, por supuesto, su comportamiento misericordioso obedecía a un objetivo mayor. Filipo tenía la intención desde hacía tiempo de introducirse en el Imperio persa; esta era también una de las principales razones de su deseo de unificar Grecia bajo su mando. Por lo tanto, el rey debía andarse con cuidado y no herir los sentimientos de sus posibles aliados, ya que necesitaría su apoyo para enfrentarse al gran «rey de reyes».

Y así, en el invierno del 338 a. e. c., Filipo viajó a Corinto, la ciudad donde los estados griegos se unieron una vez para formar una alianza que resistiera a Jerjes en el 481 a. e. c. Aquí, el rey macedonio invitó a los estados griegos independientes casi por la misma razón. La única diferencia era que deseaba invadir el Imperio aqueménida en lugar de resistir sus ataques. Todas las ciudades griegas aceptaron la invitación excepto Esparta, cuya arrogancia a menudo empañaba su sensibilidad. Sin embargo, se dice que durante esta reunión Filipo trató al resto de ciudades griegas con total hospitalidad y calidez, algo que probablemente sorprendió a los griegos, teniendo en cuenta su opinión sobre las bárbaras formas de Filipo de gobernar un reino.

Conocida como la Liga de Corinto, esta confederación fundada por Filipo II de Macedonia fue la primera en la historia en la que las ciudades-estado griegas se unieron voluntariamente bajo una única entidad política. Además de garantizar la paz común, la liga tenía una misión principal: conquistar el Imperio aqueménida. La liga estaba gobernada por un consejo llamado Sinedrión. Este consejo supervisaba el progreso militar, las cuestiones financieras y los asuntos internos y externos de los estados miembros. El número de delegados de cada miembro, por otra parte, se establecía en función de la población de cada ciudad y de sus fuerzas navales militares. Por supuesto, el Sinedrión estaría presidido por un líder, o hegemón. Este papel estaba reservado nada menos que al propio rey macedonio.

Con la creación de la Liga de Corinto, Filipo obtuvo el apoyo suficiente para marchar contra los persas. Aunque sus planes ya estaban en marcha, el rey nunca estuvo destinado a ser el gran conquistador del poderoso Imperio aqueménida. Encontraría su destino antes de lo que había previsto. Filipo no cayó ante la espada de su enemigo más allá de las fronteras, sino a manos de su propio súbdito, un compatriota macedonio que llevaba mucho tiempo esperando la oportunidad de golpear al rey. Los sueños de Filipo, sin embargo, se harían realidad gracias a su hijo, Alejandro, que se elevaría más allá de sus límites y cuyo nombre resonaría por todos los rincones del mundo.

Capítulo 7: Los primeros años de Alejandro

Era probablemente el verano del año 365 a. e. c. cuando varios barcos fueron vistos atracando cerca de la misteriosa isla de Samotracia. A pesar de su entorno rocoso y su suelo casi inculto, la isla parecía haber tenido una gran importancia: fue una montaña de esta misma isla donde Poseidón, el dios olímpico del mar, residió una vez para presenciar el inicio de la famosa guerra de Troya. Aunque hoy en día la isla se utiliza sobre todo para la pesca y el turismo, en aquel entonces Samotracia era un lugar sagrado donde los peregrinos se reunían para realizar sus ritos arcanos en honor de los Cabiros, los hijos gemelos del dios del fuego y los herreros, Hefesto. Sin embargo, el propósito de estos rituales sigue siendo poco claro, y algunos afirman que se hacían para obtener una vida después de la muerte prometida.

Hombres y mujeres, ricos o pobres, libres o esclavos, todos podían participar en los rituales. Podemos suponer que, en algún momento del verano, quizá en julio, la isla recibía un buen número de visitantes debido a los festivales religiosos que allí se celebraban en ella. Era habitual ver sacrificios de animales, seguidos de una obra de teatro sagrado y danzas rituales que solían celebrarse en el inmenso pabellón. Sin duda, todos los peregrinos estaban ocupados con diversas prácticas religiosas y rituales a lo largo del día, excepto uno: Filipo II de Macedonia.

Entre todos los visitantes de la isla de basalto rocoso, una persona había captado la atención del rey macedonio. Se llamaba Olimpia de Epiro (en aquella época, conocida por su nombre de nacimiento, Mirto), y su embriagadora belleza probablemente hizo que el rey se quedara paralizado. Aunque los historiadores creen que su encuentro estaba planeado para unir Macedonia y Epiro, el filósofo griego Plutarco nos dice claramente que fue amor a primera vista. En aquella época, era habitual que los reyes se casaran con varias mujeres, especialmente Filipo, que siempre recurría al matrimonio para expandir su poder y establecer nuevas alianzas. Sin embargo, Olimpia no era como las otras muchas esposas del gallardo rey.

En la antigua Grecia, rara vez se veía a las mujeres deambulando por la ciudad, excepto durante las fiestas religiosas, bodas y funerales o cuando llegaba la hora de ir a hacer la compra al concurrido mercado. Nunca podían involucrarse en política y no se les permitía participar en grandes negocios; el único cargo público que podían ocupar estas mujeres era el de sacerdotisa de alguna de las antiguas diosas griegas. En la antigua Grecia, la mujer ideal era aquella cuyo nombre solo conocían su marido, su familia y sus parientes cercanos.

Sin embargo, lo contrario podía decirse de las mujeres tanto de Macedonia como del Epiro. En estos dos reinos septentrionales, las mujeres gozaban de una estima mucho mayor. Es probable que la mayoría de ellas supieran leer y escribir, además de tener propiedades. Las mujeres nobles podían incluso participar en la diplomacia y desempeñar ciertas funciones políticas. En resumen, a las mujeres de estas regiones se les enseñaba a ser independientes y, en algunos casos, feroces.

Tal vez la reina Clitemnestra de Micenas fuera el modelo a seguir para Olimpia, cuyo temperamento fogoso y sueños ambiciosos quedaban a la vista de todos. Según los mitos, se dice que la reina de Micenas gobernó su reino de forma independiente y con soltura durante la ausencia de su marido, Agamenón. También fue responsable de la muerte del gran rey: Clitemnestra apuñaló a Agamenón mientras se bañaba como venganza por la muerte en sacrificio de su hija Ifigenia. Aunque nunca sabremos con certeza si esta tragedia griega influyó en las acciones posteriores de Olimpia, podemos afirmar con seguridad que su carácter y sus atributos guardaban, como mínimo, un pequeño parecido con esta despiadada reina mítica. Al fin y al cabo, Olimpia procedía de un gran linaje ancestral: se creía que la princesa pelirroja descendía de

Aquiles, el gran héroe de la guerra de Troya. También era una devota seguidora del culto a Dioniso, adorador de serpientes, y tenía un don excepcional para manejarlas.

Retrato de Olimpia grabado en una moneda

Y así, planeado o no, Filipo contrajo matrimonio en 357 a. e. c., cuando Olimpia tenía unos dieciocho años y el rey veintiocho. Muchos creen que Filipo estaba locamente enamorado de Olimpia, a pesar de que era la segunda esposa del rey. Filipo visitaba su alcoba siempre que podía, pero su relación íntima pronto se distanció cuando vio que Olimpia se acostaba con serpientes. No obstante, Olimpia seguía siendo apreciada por el rey; juntos tuvieron dos hijos, una hija llamada Cleopatra (no confundir con la famosa Cleopatra VII de Egipto) y el futuro conquistador y rey de Macedonia, Alejandro Magno.

Nacido en Pella en el año 356 a. e. c., la vida de Alejandro estuvo llena de leyendas. La propia Olimpia afirmó que Alejandro era hijo de Zeus tras soñar que un rayo caía sobre su vientre. Sin embargo, Olimpia no fue la única que soñó con la grandeza de su hijo recién nacido: También Filipo tuvo un sueño en el que veía un sello de un león grabado en el vientre de su esposa, posiblemente significando el futuro éxito de Alejandro. Además, se cree que el templo de Artemisa fue devorado por un incendio inesperado y destruido el día del nacimiento de Alejandro. Muchos afirmaron que la destrucción se debió a la ausencia de la diosa Artemisa, que fue a dar la bienvenida al mundo al futuro rey.

El rey Filipo estuvo bastante ausente de los primeros años de vida de Alejandro; también estaba ausente el día del nacimiento de su hijo, ya que estaba ocupado preparando una estrategia para sitiar la ciudad de Potidea. Así pues, el joven Alejandro quedó al cuidado de hombres y mujeres ajenos a su linaje; de ellos recibió su primera educación griega. Cuando Alejandro tenía siete años, Olimpia le presentó a Leónidas, uno de sus parientes al que había nombrado su *paedagogus* (esclavo o liberto instruido encargado de educar a los niños). A partir de entonces, Leónidas acompañaría a Alejandro a casi todas partes. El *paedagogus* supervisaba los modales del joven príncipe, asegurándose de que fuera disciplinado y se comportara con educación; Leónidas también debía protegerlo de cualquier insinuación no deseada, ya fuera violenta o sexual. Alejandro también recibió la tutoría de un hombre de buena cuna llamado Lisímaco —más conocido por su grosero sentido del humor que por su higiene—, quien a menudo se refería al joven príncipe como Aquiles. Lisímaco estaba tan orgulloso de ser el tutor del futuro rey que se hacía llamar «el Fénix» en referencia a un guerrero particular del mismo nombre que también resultó ser la figura paterna del legendario héroe.

Si los diversos relatos de los historiadores de la Antigüedad son ciertos, podríamos afirmar que Alejandro era indudablemente superdotado. Su destreza militar y sus brillantes estrategias bélicas solo se pusieron de manifiesto cuando entró en la adolescencia, presumiblemente tras aprender de su padre, sus tutores y quienes lo rodeaban. Pero el príncipe nació naturalmente con una impresionante vista: Alejandro era conocido por su habilidad para fijarse hasta en el más mínimo detalle revelador y utilizarlo a su favor.

El rey se percató de la habilidad de Alejandro por primera vez en el año 347 a. e. c., cuando el joven príncipe tenía unos ocho o nueve años. Según fuentes antiguas, Philoneicus, un criador de caballos de Tesalia, región septentrional de Grecia al sur del reino macedonio, se puso en contacto con la familia macedonia. Con sus amplias llanuras y ricas tierras bajas, era bien sabido que los tesalios solo criaban caballos de cualidades inigualables; Tesalia también era conocida por su fuerte caballería.

Filipo nunca había visto una criatura tan fina como el caballo que le había regalado Philoneicus. El caballo era mucho más alto que el resto de los corceles macedonios. Era negro como la noche, con un trazo de resplandor blanco que le atravesaba la frente. En el anca tenía la marca de una cabeza de buey, o bucéfalo, como lo llamaban los griegos. Dada la excelente condición del caballo, el precio ofrecido por el criador era el doble del de los caballos comúnmente disponibles para la venta. Aunque el precio cambió por un momento la expresión del rey, Felipe mostró su interés y exigió una prueba en la que pudiera comprobar con sus propios ojos las capacidades del caballo.

Para sorpresa de todos, el caballo era completamente salvaje e indomable. En ese momento, el rey se dio cuenta de que el robusto corcel nunca había sido domado. Nadie podía montar al caballo negro, ya que se encabritaba inmediatamente cada vez que alguien intentaba acercarse a él. Irritado por la terquedad del caballo, Filipo despidió al criador y ordenó que se llevaran el corcel. Pero eso fue hasta que el rey oyó una voz lejana procedente de alguien del público que presenciaba la prueba. La vocecilla procedía nada menos que del hijo del rey, Alejandro, que estaba sentado junto a Olimpia. El príncipe afirmaba que su padre estaba a punto de perder un gran caballo, y que todo se debía a que ninguno tenía la menor idea de cómo acercarse correctamente al corcel.

Alejandro domando a Bucéfalo
https://commons.wikimedia.org/wiki/File:Domenico_Maria_Canuti_-_Alexander_and_Bucephalus.jpeg

El rey trató de ignorar los comentarios de su principito, pero respondió en cuanto vio la confianza de Alejandro:

—¿Reprochas a tus mayores, los que claramente tienen muchos más conocimientos y saben más?

—Permíteme manejar este corcel y verás —dijo el príncipe—. ¡Y si fallo, pagaré el caballo!

Alejandro era muy consciente de las risas que resonaban mientras caminaba hacia el caballo salvaje, pero el príncipe no prestó atención a aquellos ancianos desconfiados. Con confianza, agarró lentamente la brida y dio la vuelta al caballo para que quedara de cara al sol. Un detalle en el que los ancianos, incluido Filipo, no repararon fue que el corcel tenía miedo de su propia sombra. Al girarlo hacia el sol, el caballo ya no podía ver su propia sombra moviéndose cada vez que lo hacía. Con el caballo ahora tan tranquilo como el mar abierto, Alejandro montó en el corcel negro, para sorpresa del público. Tras unos minutos juntos, el caballo pronto rompió a galopar con el joven príncipe llevando las riendas con orgullo.

Las risas desenfrenadas se convirtieron entonces en una ronda de aplausos mientras Filipo se acercaba a su hijo con el rostro lleno de alegría.

—Mi querido hijo —le dijo el rey con orgullo—, algún día deberás buscar un nuevo reino, pues Macedonia se te queda pequeña.

Aparte del rey macedonio, otro individuo —un aristócrata corintio, para ser exactos— estaba sumamente fascinado por la habilidad y los atributos del joven príncipe. Tal vez vislumbrando un futuro en el que Alejandro gobernaría casi todos los reinos conocidos, el hombre se ofreció a pagar el caballo y se lo regaló al joven príncipe. Aunque el caballo (ahora llamado Bucéfalo) acompañaría a Alejandro en sus campañas y guerras posteriores, el hombre, llamado Demarato, también volvería a aparecer en la historia de Alejandro y en los acontecimientos futuros relacionados con el reino.

Tras este suceso, Alejandro debía dejar atrás su infancia. Un año más tarde, fue llevado a su primer banquete macedonio, en el que el reino recibió a un delegado político ateniense. Durante el animado banquete, el joven príncipe demostró su amor por la música tocando la cítara (un antiguo laúd griego). Su interpretación fue tan perfecta que el rey expresó inmediatamente su vergüenza: Filipo afirmaba que un futuro rey nunca tendría tiempo para dominar un instrumento musical, ya que siempre estaría ocupado con campañas y asuntos de estado. En ese momento, el joven príncipe se dio cuenta de que estaba obligado a madurar en función de su edad. Así pues, la cítara se convirtió en mera ceniza y sus cuerdas no volvieron a pulsarse.

A medida que envejecía, Alejandro se interesó más por el mundo más allá de los seguros muros de Macedonia. El famoso retórico griego Isócrates instó una vez al rey macedonio a lanzar una expedición militar a Persia. Esto complacería las almas de sus antepasados, ya que años atrás se habían visto obligados a inclinarse ante el gran imperio. Filipo no siguió adelante con esta idea, pero su hijo sintió cada vez más curiosidad por el poderoso imperio. En él fijó sus sueños: el joven príncipe deseaba entrar en las ciudades persas no como visitante, sino como su nuevo gobernante y conquistador.

Por eso, cuando Alejandro tuvo que sustituir a su padre durante la llegada de los enviados persas a Pella, el príncipe supo que debía tener los ojos bien abiertos y absorber toda la información que pudiera. Sonreía y asentía cada vez que los persas presumían de los Jardines Colgantes, pero se concentraba en cada palabra que soltaban cuando hablaban de sus impresionantes sistemas de carreteras y tropas imperiales. El príncipe, todavía niño, no tenía tiempo para el banquete y la música de fondo, tal y como había esperado su padre.

Aunque Alejandro daba muestras de que iba por buen camino, Filipo y Olimpia pensaron que era justo que su hijo pasara algún tiempo alejado de las cortes y los asuntos de estado. Al llegar a la adolescencia, Alejandro fue enviado a Aristóteles. El filósofo mantenía desde hacía tiempo una estrecha relación con el rey macedonio; de hecho, había sido médico de los predecesores de Filipo. A cambio de la tutoría de su hijo, Filipo accedió a reconstruir Estagira, la ciudad natal de Aristóteles. A través de Aristóteles, Alejandro se interesó profundamente por la medicina, la poesía, la astronomía, la retórica e incluso la zoología.

Olimpia presentando al joven Alejandro a Aristóteles

El joven príncipe se separó de Aristóteles cuando su padre lo llamó a Pella. Filipo, que planeaba dirigir una campaña a Perinto y Bizancio, había nombrado regente a Alejandro. Con solo dieciséis años, el príncipe heredero tenía sobre sus espaldas las responsabilidades de un gobernante, y estaba más que dispuesto a poner a prueba sus propias habilidades. Alejandro no tardó en ver la oportunidad de hacer alarde de sus excepcionales dotes y talentos cuando Macedonia se vio amenazada por los medos, miembros de una tribu tracia que veían en la ausencia de Filipo una ventaja. Subestimando al joven príncipe heredero, los medos asaltaron una parte del reino, pero fueron inmediatamente aplastados por los macedonios al mando de Alejandro. Este no se detuvo ante la derrota de los tracios, sino que se apoderó de sus tierras y de todos sus recursos útiles. El príncipe heredero llegó incluso a rebautizar uno de los bastiones tracios con el nombre de Alejandrópolis (la ciudad de Alejandro). Su éxito no solo impresionó a Filipo, sino que le garantizó el trono macedonio.

Capítulo 8: Ascenso al trono

Era más fácil hablar del derrocamiento de los persas que el hacerlo. El gran imperio había estado expandiendo sus alas vigorosamente desde el siglo VI a. e. c. Los reinos y ciudades que se negaban a arrodillarse y someterse a su rey eran incendiados con total indiferencia. Los poderes de los gobernantes locales fueron sustituidos por sátrapas, de los que se esperaba que permanecieran leales al rey aqueménida. Muchos temían a los persas, pues su furia significaría una destrucción segura, pero Macedonia y sus aliados griegos unidos pensaban de otro modo. Con Filipo al mando, su confianza crecía. Estaban casi seguros de que, con una cuidadosa preparación, el imperio pronto se desmoronaría.

A pesar de estar respaldado por algunas de las fuerzas más formidables del mundo griego, el rey macedonio estaba, por alguna razón, un poco nervioso por lanzar la expedición. Hacía tiempo que deseaba derrotar a los persas, pero un paso en falso y sus antepasados se burlarían eternamente de él por no haber vengado su honor. Así que el rey recurrió a los dioses y buscó respuestas en el oráculo de Delfos. Envió delegaciones al templo de Apolo, con la esperanza de que la Pitia arrojara algo de luz sobre si los persas caerían o no.

—El toro está engalanado —había dicho el oráculo—. El final está decidido. Habrá quien lo sacrifique.

Las palabras de la Pitia tenían fama de ser bastante ambiguas, pero cuando llegaron a Filipo, al rey se le iluminó la cara, aunque al principio se quedó perplejo. Había interpretado la profecía como otro de sus muchos triunfos: el rey persa pronto sería sacrificado como un animal.

Confiado, Filipo siguió adelante con el ambicioso plan y anunció que la invasión tendría lugar a principios del año 335 a. e. c. Pero, por supuesto, marchar hacia el imperio de frente sería fatal, así que el rey cambió su enfoque a Asia Menor. Conquistar primero esta región le permitiría construir asentamientos helénicos permanentes, tal y como había sugerido el ateniense Isócrates, y también podría estacionar sus tropas a lo largo de la frontera. Así pues, envió a Anatolia una avanzadilla compuesta por una parte de su propio ejército. Esta fuerza estaba dirigida por el general más favorecido del rey, Parmenión, al que luego acompañaron otros dos generales, Amintas y Atalo.

Los planes de Filipo estaban listos y estaba seguro de que la expedición sería fructífera. Pero todo se fue al traste cuando el rey se enamoró de nuevo repentinamente. Desviar la atención de las campañas militares por amor no era propio de Filipo, que en una ocasión había comentado con severidad la pasión de su hijo por la música. Muchos se preguntaron por qué el rey había decidido casarse por primera vez en varios años. Filipo no solo necesitaba centrar toda su atención en la futura expedición, sino que ya tenía un heredero fuerte para su sucesión. Mientras Plutarco afirmaba que, al igual que su matrimonio con Olimpia décadas atrás, el motivo era completamente personal, el resto pensaba que su decisión podía tener algún fundamento. Aunque el rey confiaba en que Alejandro pudiera continuar su legado, el nuevo matrimonio podía actuar como una póliza de seguros. La expedición podría sufrir un revés, aunque la posibilidad fuera pequeña. El rey podía caer en el campo de batalla, al igual que su hijo y verdadero heredero, Alejandro. Así que, tal vez, Filipo y su nueva esposa se unieron solo para que él pudiera tener un plan de respaldo: otro heredero que pudiera continuar la dinastía de los Argéadas.

Alejandro, por su parte, se inquietó al enterarse de la nueva prometida de su padre. Olimpia, cuyo sueño era ver a su hijo con la corona, le susurró al oído que el matrimonio solo amenazaría su posición como príncipe heredero macedonio. Su madre expresó su preocupación, esperando que Alejandro tomara partido y se opusiera a su padre: «Tus triunfos y victorias podrían no significar nada para el rey algún día».

La relación entre Filipo y Alejandro no tardó en desmoronarse cuando se celebró la ceremonia nupcial. Muchos acudieron a la rica ceremonia de estilo griego para contemplar a la nueva esposa del rey. Ella era conocida como Cleopatra Eurídice. A diferencia de Olimpia, que algunos consideraban extranjera, la novia era una noble macedonia. Cleopatra también resultó ser la sobrina de Atalo, uno de los generales de Filipo.

Sin duda, Olimpia no soportaba el aspecto de la novia, sobre todo cuando el rey le había ordenado compartir el palacio. Como reina principal de Macedonia, verse obligada a compartir su espacio era una vergüenza. En cuanto a Alejandro, había estado observando al borracho Atalo, que parecía a punto de hacer un anuncio importante.

—A partir de hoy, Macedonia será bendecida con reyes legítimos, no con bastardos extranjeros — gritó el general borracho.

Alejando se puso en pie de un salto y se enfrentó a Atalo:

—¿Me consideras un bastardo, cretino borracho?

Filipo se enteró del alboroto y, para sorpresa de Alejandro, desenvainó su espada y se abalanzó sobre él. Afortunadamente para Alejandro, el rey estaba tan borracho por el continuo flujo de vino macedonio que tropezó con sus propios pies y cayó de bruces al suelo.

—¿Es este vuestro rey el que está a punto de marchar de Europa a Asia y vengar a nuestros antepasados? —dijo Alejandro con una mirada penetrante—. ¿El que ni siquiera puede caminar de un sillón a otro?

Sin demora, el príncipe heredero abandonó el banquete, llevando consigo a su madre. Su plan, bastante improvisado, era abandonar el reino y autoexiliarse. Y así, con su madre a cuestas, Alejandro partió. Olimpia regresó a su hogar, el Epiro, donde fue protegida por el rey, su hermano, también llamado Alejandro. El príncipe heredero macedonio siguió su camino y se refugió en Peonia.

Algunos documentos afirman que Filipo estaba tan furioso tras el incidente del banquete que anunció su divorcio de Olimpia y repudió a Alejandro. Esta afirmación sigue siendo discutida, pero cabe suponer que el rey estaba al menos preocupado por el autoexilio de su hijo. Alejandro era su único candidato al trono. De hecho, Cleopatra le dio una hija, pero una mujer no podía gobernar el reino. Filipo tuvo un hijo con otra de sus esposas mayor que Alejandro, pero resultó estar mentalmente incapacitado —se rumorea que Olimpia envenenó al pobre príncipe para dejar paso al ascenso de Alejandro como rey.

A Filipo le resultó imposible abandonar Pella y embarcarse en la campaña persa sin nadie que se ocupara de su pueblo. Por una vez, el rey macedonio sintió que había llegado a un callejón sin salida. Hasta que llegó Demarato, un viejo amigo del rey y el mismo noble corintio que había regalado Bucéfalo a Alejandro unos años antes. Demarato aconsejó al rey que hiciera las paces con su hijo si quería ver la gloria de Macedonia, a lo que este accedió. Así pues, el corintio fue enviado para persuadir al príncipe exiliado de que regresara a Macedonia. Desgraciadamente, no se conservan registros de los tratos a los que llegaron ambos, pero sí sabemos que Alejandro regresó poco después y fue nombrado de nuevo heredero único de Filipo, aunque la relación padre-hijo seguía siendo muy frágil.

Tras regresar a Pella, Alejandro descubrió que su padre seguía ocupado con las negociaciones matrimoniales. La primera y más importante fue la boda entre Cleopatra (hija de Filipo y Olimpia) y el apuesto rey de Epiro, Alejandro, que también era hermano de Olimpia. La ceremonia tendría lugar en octubre del 336 a. e. c. Mientras tanto, Filipo también había organizado una boda para Arrideo, su hijo mayor con su esposa tesalia. Arrideo iba a casarse con la hija de Pixódaro, el sátrapa de Caria, que aceptó alejarse del rey persa y ayudar a Filipo en su conquista. A los ojos de Filipo, aunque Arrideo estaba mentalmente incapacitado —probablemente sufría epilepsia causada por el plan de Olimpia—, su hijo aún podía desempeñar un papel clave en la política de Macedonia. En efecto, no podía acceder al trono en el futuro debido a su enfermedad, pero podía servir a su reino convirtiéndose en un peón.

Alejandro, por su parte, malinterpretó la situación. Pensó que su padre lo estaba sustituyendo por Arrideo, explicando así por qué su hermanastro estaba a punto de recibir una esposa de un posible aliado. Así, el joven príncipe y sus allegados idearon un plan para interceptar la boda. Enviaron a Tesalo, un popular actor trágico de la época, para que se reuniera con Pixódaro y le informara de la discapacidad mental de Arrideo, un dato importante que Filipo ocultó intencionadamente. El actor sugirió entonces a Pixódaro que casara a su hija con Alejandro, el mejor hijo de Filipo.

Cuando el rey macedonio descubrió el plan de Alejandro —probablemente transmitido por el hijo de Parmenión, Filotas— Filipo se puso furioso. Se cree que irrumpió en la habitación de Alejandro, pero se contuvo para evitar enfrentarse a su hijo.

—¡Vales más que un simple cario! —pudo haber dicho el rey, echándole la bronca al joven príncipe heredero.

Mientras que Alejandro se salvó de la ira de su padre, Tesalo corrió peor suerte. Por interrumpir los asuntos de la corte, fue encadenado a la espera de un nuevo castigo, aunque se desconoce qué fue exactamente de él. Los leales amigos del príncipe, Ptolomeo y Nearco, fueron enviados al exilio, aunque volverían al lado de Alejandro cuando este reclamara el trono.

Pronto empezaron a llegar a Egea invitados locales e internacionales. Era octubre y, en pocas horas, Cleopatra y el rey de Epiro sellarían los lazos del sagrado matrimonio. La ceremonia tendría lugar en el antiguo palacio del reino, suntuosamente adornado con hermosos suelos de mosaico y paredes pintadas al fresco. En una esquina había un altar dedicado al dios Dioniso; en la otra, una gran galería con vistas a un teatro al aire libre. Se programaban obras musicales para entretener a los invitados griegos, así como competiciones atléticas y suntuosos banquetes.

La ceremonia nupcial comenzó con la procesión de las estatuas de los dioses olímpicos, seguida de Filipo, vestido con un manto blanco, caminando por el pasillo hacia el teatro con solo Alejandro y su futuro yerno a su lado. Para demostrar que estaba protegido por los dioses, Filipo había ordenado estrictamente a sus guardaespaldas personales que lo acompañaran desde la distancia. De repente, el manto blanco de Filipo se empapó de sangre y, casi de inmediato, el rey cayó al suelo. Fue apuñalado por un puñal celta y, antes de partir del mundo de los vivos, alcanzó a mirar a su agresor. Se llamaba Pausanias, y es posible que el rey supiera por qué era su objetivo.

En aquellos años, Pausanias de Oréstide era uno de los pajes reales de Filipo, que además mantenía un romance con el rey. Su lugar como favorito del rey, sin embargo, fue suplantado por otro individuo que también, inconvenientemente, respondía al nombre de Pausanias (para evitar confusiones, nos referiremos a él como el segundo Pausanias). Consumido por los celos, Pausanias difundió malas palabras sobre su rival hasta el punto de que el segundo Pausanias optó por suicidarse arrojándose frente a Filipo en la batalla, recibiendo todos los proyectiles dirigidos al rey. Nunca podremos estar seguros de la reacción de Filipo, pero el suicidio impactó al general de Filipo, Atalo, amigo íntimo del segundo Pausanias.

El asesinato de Filipo II

Como acto de venganza, Atalo atrajo al celoso Pausanias de Oréstide a una trampa invitándolo a cenar. Atalo lo alimentó con mucho vino hasta que se emborrachó en extremo. Cuando Pausanias quedó inconsciente, Atalo y sus amigos se turnaron para violar al paje real. Lo pasaron a los mozos de cuadra, que se dieron un festín con Pausanias de la misma manera. Cuando el paje real recobró el conocimiento y se dio cuenta de lo que había hecho Atalo, acudió inmediatamente al rey. Aunque Filipo mostró compasión, el rey no se atrevió a castigar a Atalo: no quería perder a un general tan importante en sus campañas. Así pues, el rey recurrió al soborno: intentó comprar el silencio de Pausanias ofreciéndole grandes cargos y riquezas, que este rechazó de inmediato. Pausanias no pensaba tragarse la vergüenza y por ello estructuró un plan de venganza.

La venganza de Pausanias iba dirigida contra Atalo, pero el general hacía tiempo que había abandonado Macedonia por orden del rey para prepararse para la campaña persa. Así que desvió su ira hacia Filipo, que había posibilitado el crimen y permitido a Atalo campar a sus anchas sin castigo.

Tras el asesinato, Pausanias huyó del lugar con los guardaespaldas del rey y los amigos de Alejandro persiguiéndolo. Había planeado una ruta de escape y había apostado caballos a las puertas de la ciudad. Sin embargo, mientras huía de los guardias reales, sus botas quedaron atrapadas en una raíz de vid y cayó al suelo. Los guardias no tardaron en alcanzarlo y, casi de inmediato, Pausanias murió atravesado por una lanza.

Con la repentina muerte del gran Filipo, Alejandro asumió el trono a la edad de veinte años. Casi inmediatamente después de su sucesión, el rey dirigió su atención hacia quienes veía como una amenaza para su recién adquirida corona. Su primer objetivo fue su primo, Amintas IV, al que ejecutó sin contemplaciones. A continuación, prosiguió su ofensiva contra dos príncipes macedonios de Lincestis (Lynkestis), de los que se rumoreaba que habían participado en el asesinato de Filipo, y que corrieron la misma suerte que Amintas. Olimpia, por su parte, fue libre de castigar a Cleopatra Eurídice por casarse con su marido. Se llevó a Cleopatra y a su hija con el antiguo rey, Europa, y las quemó vivas. El cruel acto de Olimpia fue detestado por Alejandro, pero todo estaba hecho, y no pudo dar marcha atrás en el tiempo.

Alejandro también planeó ejecutar a Atalo, que lo había agraviado años antes. Se decía que Atalo había conspirado con Atenas tras la muerte de Filipo, pero pronto cambió de opinión. Para demostrar su lealtad al nuevo y joven rey, el general culpó a Atenas, alegando que habían desafiado a Macedonia. Sin embargo, Alejandro no se dejó engañar en absoluto por Atalo. Tal vez movido por sus emociones, Alejandro envió a una parte del ejército macedonio a dar muerte a Atalo. Parmenión no recibió bien la noticia de la ejecución de su yerno, pero se dio cuenta de que debía priorizar su lealtad al rey.

Aunque el nuevo rey macedonio había hecho todo lo posible por asegurar su trono, pronto surgió otro problema. La muerte de Filipo causó estragos en las ciudades-estado griegas. Alejandro podría haber heredado el trono por derecho, pero a los griegos les importaba poco la sucesión. Mostraron sumisión cuando Filipo estaba en el trono, pero en el fondo, los griegos no estaban en absoluto dispuestos a permanecer bajo las botas de hierro de los macedonios.

Capítulo 9: Resolución de los asuntos griegos

Con la corona sobre su cabeza, tal y como había soñado Olimpia, Alejandro sabía que debía actuar con rapidez para mantener su reino de una pieza y continuar con la famosa gloria de la dinastía argéada. Había oído hablar de los problemas que se estaban gestando poco a poco en las regiones vecinas y estaba al corriente de las opiniones que circulaban en torno a su sucesión. El nuevo rey de Macedonia no era más que un niño, ¿cómo podría estar a la altura del glorioso reinado de su difunto padre? ¿Podría siquiera proteger a su pueblo y a los demás bajo su protección? Sin duda, un rey de veinte años no podría aportar nada y solo causaría estragos debido a sus decisiones inmaduras.

La repentina muerte de Filipo sin duda había dejado atónitos a muchos, pero las ciudades-estado griegas estaban lejos de lamentarse. Por el contrario, saltaron de alegría, ya que la muerte del rey les abría la oportunidad de liberarse por fin del monarca. Demóstenes, el orador griego que odiaba la monarquía macedonia, mostró claramente su emoción al enterarse del fallecimiento de Filipo. Se dice que poco después hizo ofrendas de sacrificio y se lo vio pasear por las ciudades con magníficos atuendos a pesar de que su hija acababa de morir hacía una semana. También los tebanos consideraron la muerte como una buena noticia. Casi de inmediato, planearon desalojar a la guarnición macedonia estacionada en su región y, al igual que los atenienses, manifestaron su enérgica desaprobación hacia Alejandro como líder de la proyectada campaña persa.

«Debemos mantener la calma y dejar que los griegos decidan por el momento», debió de aconsejar al joven rey uno de los consejeros reales. La mayoría de los que lo rodeaban habían instado a Alejandro a permanecer en Pella y pasar desapercibido hasta que llegara el momento oportuno. Incluso las tribus sometidas que habitaban a lo largo de las fronteras macedonias se estaban mostrando más audaces e inquietas, especialmente los tracios y los ilirios. Alejandro corría demasiados riesgos si optaba por la violencia. Se vería acosado por varios adversarios a diestro y siniestro.

Tal y como esperaban sus consejeros, el joven y fogoso rey no estuvo de acuerdo y se negó a permanecer quieto dentro de los seguros muros de su capital. Alejandro optó por actuar y, sin escatimar un instante, reunió a tres mil de sus mejores jinetes con el plan de marchar hacia el sur. Cuando el rey macedonio llegó al valle de Tempe, sus fuerzas fueron detenidas por el ejército tesalio, que necesitaba tiempo para decidir si el rey podía pasar. En lugar de esperar y perder el tiempo, Alejandro ordenó a sus hombres tallar escalones en el monte Ossa, creando un camino por el que rodear a los tesalios por detrás. A los tesalios los pilló por sorpresa, pero Alejandro se abstuvo de usar la fuerza. En su lugar, les dio la oportunidad de envainar sus armas y dejar que avanzara su caballería sin derramar sangre. Los tesalios optaron por la paz.

Sin perder el tiempo, Alejandro y su caballería cabalgaron hacia el Peloponeso. Llegó a las Termópilas y se detuvo para presentarse ante la Liga Anfictiónica. Su plan consistía en convencerlos de que lo reconocieran como hegemón de las Termópilas, lo que hicieron sin problemas. Antes de que la noticia de su marcha se extendiera por el resto de las ciudades griegas, Alejandro se apresuró a llegar a Tebas. Al ver a su disciplinada caballería alineada frente a sus murallas, los sorprendidos tebanos aseguraron al rey su leal apoyo, aunque más bien temporal. Lo mismo puede decirse de Atenas. A pesar de sus agrias y violentas disputas varios años atrás, la ciudad-estado despachó enviados a Macedonia, demostrando su lealtad.

Una vez conseguido el apoyo de las principales ciudades-estado, Alejandro montó en su corcel —probablemente Bucéfalo, su preciado caballo domado cuando era niño— y se dirigió a Corinto. Se dice que, en cuanto Alejandro llegó a la ciudad, el joven rey se vio rodeado de una multitud de nobles, estadistas y filósofos que lo felicitaron por su sucesión. Aunque el rey agradeció la calurosa bienvenida, un hombre en particular llamó su atención. Dicho hombre, que estaba tumbado al sol, no se dio cuenta de la llegada del rey.

El anciano, probablemente de unos setenta años, era conocido como Diógenes de Sinope. A pesar de ser un filósofo (que más tarde se convertiría en uno de los fundadores del cinismo), Diógenes no tenía la apariencia de tal: estaba completamente desaliñado, y ciertas fuentes afirman que el anciano no tenía ni un solo hilo en el cuerpo. También se lo podía ver orinando, defecando y, a veces, masturbándose en público para demostrar su desprecio por la sociedad civilizada.

Ilustración de Diógenes el Cínico
https://commons.wikimedia.org/wiki/File:Jean-L%C3%A9on_G%C3%A9r%C3%B4me_-_Diogenes_-_Walters_37131.jpg

Alejandro miró fijamente al anciano durante un momento antes de acercarse lentamente a él. Según la descripción del suceso que hace Plutarco, Diógenes ni siquiera se molestó en ponerse en pie cuando notó que el rey caminaba hacia él, ni siquiera un simple saludo. El anciano se limitó a dirigir al joven Alejandro una mirada vacía.

—Saludos, anciano. Soy Alejandro, el gran rey. —Se habría presentado Alejandro—. ¿Hay algo en este mundo que necesites?

Diógenes se limitó a responder con un movimiento de cabeza. Manteniendo su mirada vacía, le pidió al rey, que estaba impidiendo que los rayos del sol le dieran en la cara:

—Apártate un poco de mi sol.

Los presentes esperaban que el rey estallara en cólera en respuesta a la grosera petición del anciano, pero Alejandro estaba, de hecho, bastante impresionado. Por alguna razón, el rey estaba fascinado por la altivez de Diógenes. Se lo dijo a sus seguidores, que bromeaban sobre el encuentro:

—Si por casualidad pudiera decidir como quién nacer, con mucho gusto sería Diógenes.

El famoso encuentro había aligerado el ánimo de sus asistentes y compañeros armados, pero Alejandro no perdía ni un segundo. A continuacion, se centró en el verdadero motivo de su visita a la ciudad. Convocó a la Liga de Corinto y exigió pacíficamente que los griegos reconocieran su poder. Al fin y al cabo, era el verdadero heredero del gran Filipo, descendiente de Heracles y reflejo de Aquiles. Sin pérdida de vidas, Alejandro fue restituido como hegemón de la Liga Helénica, lo que le dio la oportunidad de liderar la coalición contra los despiadados persas.

Tras dos meses de consolidar su poder y domar a los griegos, Alejandro regresó a Macedonia. Antes de planear sus estrategias para saquear el Imperio aqueménida, el joven rey necesitaba asegurarse de que su reino estuviera bien protegido y fuera capaz de defenderse de cualquier peligro inminente durante su ausencia. Así pues, centró su atención en las tribus de Tracia e Iliria.

El rey macedonio se llevó 12.000 *pezhetairoi*, 8.000 soldados de infantería ligera y 3.000 de caballería a la campaña contra las tribus inquietas. Se encontró por primera vez con los tracios en Haemus Mons (los montes Balcanes), presumiblemente en lo que hoy se conoce como el paso de Shipka. El enemigo sabía que la clave para salir victorioso era destruir primero la falange macedonia. Por eso, en el centro de su formación, los tracios colocaron varios fuertes de carros. Cuando los macedonios se acercaban a su posición, los tracios empujaban los pesados carros cuesta abajo para aplastar a la falange fuertemente replegada. Sin embargo, Alejandro había descubierto la táctica con anterioridad y había informado a sus hombres de lo que debían hacer cuando se acercaran a los tracios. En cuanto vio que los carros corrían cuesta abajo, ordenó a sus hombres que rompieran la formación, dejando huecos entre ellos para que pasaran los carros. Debido a lo accidentado del terreno, también se ordenó a los falangistas que se tumbaran en el suelo manteniendo sus escudos sobre ellos.

THE MACEDONIAN PHALANX—BATTLE OF THE CARTS

La falange macedonia luchando contra los tracios

https://commons.wikimedia.org/wiki/File:The_Macedonian_phalanx_counter-attacks_during_the_battle_of_the_carts.jpg

Los tracios no lograron aplastar a la poderosa falange, ya que ni siquiera un macedonio murió por su táctica. Los macedonios volvieron a su formación tras el paso de los carros, lanzaron su grito de guerra y cargaron contra los tracios, cuyas armas y armaduras no eran rival para ellos. Con andanadas de flechas, los arqueros de Alejandro lograron desbaratar la primera línea enemiga, lo que permitió a los falangistas desalojar a los miembros de la tribu. Aunque muchos escaparon del campo de batalla, los tracios perdieron casi 1.500 ante Alejandro y sus brillantes tropas.

Una vez derrotada la resistencia tracia, Alejandro marchó con sus hombres hacia la llanura danubiana, que los tribalios llamaban su hogar. Su presencia cerca del río Lyginus fue detectada por un grupo de exploradores tribalios, que no tardaron en informar a su rey, Syrmus. Sabiendo que los macedonios llegarían en cuestión de días, Syrmus evacuó a sus súbditos, incluidos sus mejores guerreros, mujeres y niños, a una isla del Danubio. Sin duda, el movimiento de población levantó las sospechas de los macedonios. Continuaron avanzando hasta que otro grupo de tropas tribalios les tendió una emboscada en la retaguardia. Rápidamente, Alejandro dio la vuelta a su ejército y atacó al enemigo, que acabó retirándose al otro lado del río, adentrándose en un estrecho valle boscoso. La ubicación del enemigo era una desventaja para los macedonios, por lo que Alejandro los atrajo haciendo que su ejército disparara proyectiles continuamente. Los tribalios no pudieron resistir más la lluvia de flechas y jabalinas, por lo que se vieron obligados a abandonar la cañada boscosa y cargar hacia los macedonios al otro lado del río. Se produjo otra breve batalla y, aunque los miembros de la tribu eran fieros luchadores, fueron derrotados por el infame *Hetairoi*.

Aunque tres mil tribalios cayeron en manos de los macedonios, la batalla permitió a Syrmus ganar tiempo para preparar a sus hombres. Alejandro tardó tres días en llegar al lado opuesto de la isla Peuce, refugio de Syrmus, rodeada por el Danubio. Utilizando varios barcos enviados por Bizancio, Alejandro desplegó una parte de su infantería pesada y arqueros para lanzar un ataque contra la isla, pero la terrible corriente hizo imposible el intento. La pequeña flota se vio obligada a regresar a su campamento base. Al mismo tiempo, una tribu nómada, los getas, había llegado al otro lado del Danubio: 10.000 guerreros de infantería y 4.000 de caballería estaban en formación, listos para enfrentarse a Alejandro. Esta era una gran oportunidad para el rey macedonio. Masacrar a los miembros de las tribus nómadas supondría un espectáculo para Syrmus y bajaría la moral de sus hombres; así, se rendirían sin luchar.

Así que, al llegar la noche, Alejandro y sus tropas cruzaron el río en flotadores hechos de tiendas y heno, ya que la flota enviada por Bizancio no era suficiente para transportarlos a todos. Una vez en la orilla opuesta del río, los macedonios aprovecharon la cobertura que les ofrecían los altos campos de cereales para acercarse discretamente a los getas. Permanecieron en la sombra hasta el amanecer. Cuando apareció el primer rayo de luz en el cielo, Alejandro y sus 1.500 soldados de caballería cargaron contra los aturdidos getas mientras su inquebrantable falange de sarisas rodeaba al resto de los guerreros. Los que sobrevivieron huyeron perseguidos por los macedonios.

Tal y como Alejandro había esperado, su exhibición de destreza marcial dio resultado. Con terror en los ojos, Syrmus despachó enviados al rey macedonio, ofreciéndole su sumisión.

Con los tracios acallados, Alejandro se dirigió al encuentro de Lángaro, fiel rey de los agrianos. Allí le hablaron de tres rebeldes líderes ilirios: Clito, Glaucias y un príncipe de los autariatas. Mientras Lángaro se ocupaba del príncipe de los autariatas, Alejandro galopó hacia la fortaleza montañosa de Pelión para enfrentarse a Clito. Por desgracia para los macedonios, la ciudadela fortificada estaba rodeada de colinas boscosas y pasadizos extremadamente estrechos; se decía que en el pasadizo solo cabían cuatro hombres alineados hombro con hombro. Haciendo caso omiso de los peligros que se cernían sobre él, el testarudo Alejandro acampó en la llanura cercana a la fortaleza, uno de los primeros de los muchos errores que cometió a lo largo de su vida. Para colmo de males, Glaucias llegó con sus tropas y tomó posiciones en las colinas boscosas que rodeaban a los macedonios, atrapándolos en la llanura con una única y estrecha salida.

Retirarse significaría una muerte segura, ya que su retaguardia quedaría expuesta al ataque de los hombres de Clito. Permanecer en el campamento, sin embargo, también conduciría a una derrota, ya que los macedonios se vieron obstaculizados en la búsqueda de suministros por Glaucias. Sin embargo, Pelión debía ser tomada. Su paso podría facilitar el acceso a Macedonia y, más allá, al sur de Grecia. Alejandro recurrió a una estratagema psicológica. Colocó parte de su infantería y caballería frente a las puertas de Pelión para evitar que Clito interrumpiera su siguiente movimiento. A continuación, Alejandro ordenó a los falangistas que formaran una formación masiva de 120 hombres en profundidad. Doscientos hombres de caballería se situaron a ambos lados de la falange. Frente a las fuerzas de Glaucias en las colinas, la falange realizó ejercicios con sus sarisas apuntando al cielo y las bocas completamente cerradas. A la orden de Alejandro, los falangistas bajaban sus sarisas a la posición horizontal, la posición de listos para la batalla, y giraban al unísono, ferozmente disciplinados, a izquierda y derecha, adelante y atrás. El ejercicio dejó a Glaucias y a sus hombres asombrados y horrorizados, pues no tenían ni idea de lo que Alejandro tenía en mente. De repente, se rompió el silencio. Utilizando sus largas lanzas, la falange macedonia golpeó sus escudos continuamente mientras gritaban su grito de guerra. Mientras los hombres de Glaucias seguían aturdidos, Alejandro envió a su caballería colina arriba, cargando hacia una parte del enemigo. Sorprendidos por el repentino ataque, las tropas enemigas quedaron gravemente desmoralizadas y, junto con Glaucias, se retiraron hacia Pelión.

Mientras se desataba el caos, Alejandro aprovechó la ocasión para escapar de la trampa y cruzar el río Apsus. Se enfrentó a los ataques de los ilirios de camino a la orilla opuesta, pero los macedonios consiguieron repelerlos y ponerse a salvo utilizando catapultas. Alejandro acampó a pocos kilómetros de Pelión, donde esperó unos días hasta su próximo movimiento. Los ilirios, seguros de que Alejandro se había retirado de sus tierras, empezaron entonces a reducir al mínimo sus centinelas y fortificaciones. Aprovechando esta oportunidad, Alejandro desplegó su ejército por la noche hacia los desprevenidos ilirios. Fue un baño de sangre. Los que resistieron cayeron sin vida, mientras que los que escaparon quedaron para siempre envueltos en el trauma. Tanto Clito como Glaucias sobrevivieron, pero nunca volvieron a cruzarse con Alejandro.

Tras apoderarse de Pelión —aunque la ciudad fue incendiada por Clito antes de su huida—, Alejandro se reunió con Lángaro, que regresó victorioso sobre el príncipe de los autariatas. Sin embargo, el rey agriano también trajo terribles noticias para Alejandro. Se dice que Demóstenes hizo correr el rumor de la muerte de Alejandro a manos de los tracios. El rumor llegó rápidamente a Tebas, que inmediatamente se sublevó contra Macedonia. Los oficiales macedonios destacados en Tebas fueron masacrados y las guarniciones destruidas.

Enfurecido por la osadía de los tebanos, Alejandro marchó con 30.000 hombres a toda velocidad hacia Tebas. Su llegada ante las puertas de la ciudad sorprendió a muchos: el rey estaba vivo y era asombrosa la rapidez con la que podía dirigir una fuerza tan masiva. Sin embargo, los días que tardó en marchar hacia la ciudad consiguieron enfriar la ira de Alejandro. Se ofreció a negociar pacíficamente con Tebas, pero la ciudad se mostró demasiado arrogante para acceder. Con los ánimos nuevamente caldeados, Alejandro abrió una brecha en las murallas y arrasó la ciudad. El ejército tebano estaba decidido a derrotar al monarca y a su poderosa falange, pero su desafío acabó pagándose con creces: Tebas fue brutalmente saqueada por los macedonios.

El saqueo de Tebas sirvió de ejemplo a las ciudades que deseaban desafiar al rey macedonio. Los ejércitos de las ciudades envainaron sus espadas y las revueltas fueron detenidas antes incluso de que pudieran comenzar. Alejandro dirigió entonces su ardiente mirada hacia Atenas, que sin duda desempeñó un papel en las rebeliones. Pero tras algunas negociaciones, el rey optó por perdonar y olvidar, salvando a la ciudad de correr la misma suerte que Tebas.

Capítulo 10: Comienza la campaña

Las ciudades-estado griegas habían dejado de ser una molestia, las tribus inquietas y los rebeldes habían sido rápidamente controlados y las fronteras macedonias volvían a estar seguras. El siguiente paso era hacer realidad su deseo de infancia, un sueño que incluso podría hacer sonreír a su difunto padre o, tal vez, provocarle envidia. Alejandro podía ahora dirigir su mirada hambrienta de poder hacia el este y lanzar una ambiciosa invasión del Imperio aqueménida, cuyo ejército, en aquel momento, era casi cincuenta veces mayor que los ejércitos macedonio y griego juntos. Con la mente puesta en enfrentarse al gran rey de Persia, Alejandro reunió a los generales y magnates macedonios en su capital para tomar prestadas sus mentes de cara a la próxima invasión.

«Quizá sea prudente empezar a pensar en un heredero, señor», pudo haberle dicho uno de los leales consejeros de Alejandro semanas antes de que partiera para la campaña. A pesar de las anteriores muestras de inteligencia y destreza militar del joven rey, los macedonios no se atrevían a descartar la posibilidad de que muriera una vez embarcado en una campaña de tal envergadura contra el mayor imperio del mundo. Por ello, lo instaron a casarse con alguien de su elección y no dejar Pella sin un heredero legítimo que le sucediera. Alejandro se negó rotundamente, una respuesta que no sorprendió a nadie, ya que el joven rey era conocido por su personalidad obstinada. Otro asunto que podría haber preocupado a muchos era el estado de las finanzas del reino. Las continuas guerras y batallas libradas por los macedonios tras la muerte de Filipo habían mermado gravemente las arcas del reino. El asunto no dejó otra opción al joven rey que buscar ayuda financiera entre los mejores nobles y leales compañeros de Macedonia.

Una vez tomadas las decisiones y acordadas las estrategias, Alejandro preparó a las disciplinadas y expertas fuerzas que, afortunadamente, había heredado de su padre. Dejando los asuntos del reino en manos del regente Antípatro, el joven rey y sus fuerzas invasoras cabalgaron fuera de Macedonia hasta llegar finalmente al Quersoneso tracio unos veinte días después. Con sesenta trirremes, los macedonios y su ansioso rey cruzaron el Helesponto, abandonando Europa y entrando en Asia. Fue entonces cuando las tropas se dividieron en dos grupos. La mayor parte del ejército invasor, dirigido por Parmenión, se dirigió a Abidos, mientras que Alejandro y su compañero Hefestión avanzaron hacia el sur con una pequeña fuerza hasta la histórica ciudad de Troya, donde Aquiles luchó una vez hasta la muerte.

Las ruinas de las murallas de Troya

Se cree que el mítico héroe griego Aquiles nació de un rey griego llamado Peleo y Tetis, una diosa o ninfa del mar. Aunque su madre era inmortal, Aquiles era completamente mortal, como su padre. Temiendo la muerte de su hijo, ya fuera por vejez o en una cruenta guerra, Tetis buscó todos los medios posibles para convertir a Aquiles en inmortal. Cuenta la leyenda que, para ello, cada centímetro de la piel de Aquiles debía tocar las aguas mágicas del río Estigia. Desesperada por no vivir nunca sin su hijo, Tetis sumergió a Aquiles en el río, asegurándose de que el agua mágica tocara toda su piel. Desafortunadamente, el descuido pudo más que la ninfa del mar, y pasó por alto un pequeño punto: el talón de Aquiles. Esta pequeña vulnerabilidad acabó causándole la muerte. Se dice que el héroe murió cuando el cordón de su talón (hoy conocido científicamente como tendón de Aquiles) fue atravesado por una flecha envenenada lanzada por el príncipe troyano Paris. Su cuerpo fue incinerado y sus cenizas —mezcladas con las de su amigo Patroclo— fueron enterradas en una tumba cuya ubicación sigue siendo un misterio. Sin embargo, según cuenta el antiguo poeta Homero en su famosa obra *La Odisea*, la tumba de Aquiles se encuentra en una playa concreta de la ciudad en ruinas de Troya.

No fue ninguna sorpresa que Alejandro conociera la ubicación de la legendaria tumba. Había estado leyendo las obras de Homero desde que era un niño pequeño y, de hecho, muchos (incluido él mismo) se referían a él como el nuevo Aquiles. La razón de su decisión de viajar al interior de Troya estaba clara: el joven rey deseaba presentar sus respetos a Aquiles. Los registros afirman que, una vez que llegó, Alejandro no perdió tiempo en ofrecer sacrificios a la diosa de la sabiduría y la guerra, Atenea. Se dice que el joven rey ofreció su armadura al templo a cambio de varias armas que hacía tiempo que se conservaban de la guerra de Troya. Antes de marcharse, Alejandro depositó una corona de flores en la tumba de Aquiles, la única leyenda a la que había admirado desde que tenía memoria. Con esto fuera de la lista, el joven rey podía reanudar su misión, tal vez con la bendición de la diosa y de Aquiles sobre él.

Alejandro y su pequeño séquito marcharon hacia el norte de la antigua ciudad hasta llegar a las afueras de Arisba. En las amplias llanuras, Alejandro se reunió con Parmenión y el resto del ejército invasor, listo y dispuesto a derramar sangre. Al frente había 12.000 soldados macedonios de infantería pesada de élite compuestos por 9.000 hábiles hipaspistas, o portadores de escudo, y 3.000 falangistas armados con la sarisa, una pica de doble punta. Junto a estas unidades de infantería con armadura completa había 7.000 hoplitas elegidos a dedo entre las ciudades de la Liga Helénica y 7.000 mercenarios contratados. Los macedonios también contaban con el apoyo de mil arqueros agrianos y otros 7.000 infantes tracios llegados desde los reinos tribales de Odrisia y Tribalia.

Sin embargo, las unidades más valiosas de las fuerzas de argéada no eran otras que los *hetairoi*, o los compañeros, la primera y mejor caballería del mundo antiguo. Solo para la expedición asiática, Alejandro contaba con 1.800 *hetairoi*, dirigidos por uno de los hijos de Parmenión, Filotas. Las fuerzas montadas también incluían 1.800 soldados de caballería tesalios, cuyas habilidades estaban a la altura de las macedonias, junto con 600 más de la Liga Helénica y 900 de las tribus tracias (estas últimas utilizadas a menudo como exploradores). Ingenieros de asedio, topógrafos, administradores y eruditos también acompañaron a Alejandro en su conquista, con el sobrino de Aristóteles, Calístenes, actuando como su historiador oficial —más tarde fue conocido como uno de los primeros biógrafos de Alejandro.

Con su intrépido ejército preparado, Alejandro tomó el mando y dirigió sus fuerzas hacia el este a la mañana siguiente. Aunque estaba sediento de sangre persa, el joven rey había advertido estrictamente a sus hombres que no hicieran daño ni saquearan la tierra, ya que era tierra griega bajo ocupación; más exactamente, las regiones estaban bajo la estrecha vigilancia de Memnón de Rodas, el general mercenario griego cuya lealtad había sido comprada con oro persa. Asegurándose de que las tierras permanecieran intactas durante la conquista, Alejandro planeaba poner a los persas en contra de Memnón.

Al descubrir el avance de los macedonios gracias a sus exploradores, Memnón y otros sátrapas persas — Espitrídates, Arsites y Arsames— se reunieron en Zelea, una ciudad a los pies del monte Ida, para discutir su movimiento para repeler los posibles ataques lanzados por Alejandro. Al darse cuenta de los problemas financieros y de abastecimiento a los que se enfrentaban las tropas macedonias, Memnón sugirió a los persas que contuvieran su ataque.

«Quemad las cosechas», pudo haber dicho Memnón. El comandante griego sugirió que aplicaran la política de tierra quemada. Una vez destruidas las provisiones y calcinadas las tierras, Memnón planeó tender una emboscada a los macedonios utilizando sus flotas navales. El comandante confiaba en que a Alejandro no le quedaría más remedio que retirarse a Europa.

Sin embargo, la sugerencia de Memnón encontró una fuerte oposición por parte de los sátrapas, que empezaban a cuestionar su lealtad al imperio al ver la falta de destrucción a medida que los macedonios avanzaban por las regiones. Negándose a sacrificar la tierra y a causar la destrucción innecesaria de algunos pueblos, los persas se prepararon para la guerra.

La batalla tuvo lugar a orillas del río Gránico. En el centro de la formación macedonia había seis brigadas de falanges —1.500 hombres por brigada— cada una al mando de los generales de mayor confianza de Alejandro, como Amintas, Meleagro, Crátero, Coeno, Pérdicas y Filipo. Las falanges estaban flanqueadas a la derecha por 3.000 hipaspistas dirigidos por Nicanor, mientras que, a la izquierda, Parmenión llevaba el timón al frente de la caballería tesalia. Alejandro iba acompañado por 1.800 de sus leales compañeros, escaramuzadores a caballo, agrianos y arqueros.

Alejandro y los macedonios en la batalla de Gránico
https://commons.wikimedia.org/wiki/File:Charles_Le_Brun,_Le_Passage_du_Granique,_1665.png

Los persas, por su parte, tenían unidades de caballería dos veces mayores que las de Alejandro alineadas en formación a lo largo del río. Las fuerzas montadas procedentes de las numerosas satrapías del imperio estaban dirigidas nada menos que por Memnón de Rodas. El imperio también había reclutado a casi 6.000 hoplitas pesados griegos para ayudar en la batalla, aunque estaban situados muy por detrás, ya que los persas nunca confiaron plenamente en los griegos: les preocupaba que los hoplitas pudieran desertar y pasarse a los macedonios.

Se dice que, antes de que estallara la batalla, Parmenión cabalgó hasta el lado de Alejandro y aconsejó al joven rey. Sugirió que cruzar el río podría causar algunas bajas a los soldados. Sus movimientos se verían ralentizados por la corriente del río, y los persas aprovecharían sin duda esta oportunidad de oro para desatar devastadores ataques a distancia con los que arrasarles. Parmenión instó al joven rey a que contuviera cualquier avance y esperara hasta la mañana siguiente, ya que existía la posibilidad de que los persas se retiraran en cuanto se percataran de la ira militar de Alejandro. Alejandro, que nunca solía echarse atrás, ignoró el consejo de su general y desplegó escaramuzadores a caballo, una parte de los compañeros y los agrianos al otro lado del río, chocando espadas con la feroz caballería persa al mando de Memnón y Arsames. Como había advertido Parmenión, los macedonios se enfrentaron a una fuerte resistencia al cruzar el traicionero lecho del río. Sin embargo, este movimiento había conseguido atraer a una parte de la formación central de los aqueménidas y había dejado al descubierto todo su flanco izquierdo. Al ver esto, Alejandro cargó en formación de cuña y se estrelló contra los persas. La caballería persa intentó empujar a los macedonios de vuelta al agua, pero fue en vano. En este punto, la victoria se inclinaba hacia los macedonios.

Alejandro pronto se convirtió en objetivo de los líderes de las tropas persas. Planeaban clavar sus espadas y lanzas en el rey y poner fin a la batalla allí mismo. Los escritores antiguos afirman que, en medio de la brutal lucha con la caballería, la lanza de Alejandro se partió en dos. Obtuvo una nueva lanza de su guardaespaldas personal antes de que Mitrídates (yerno de Darío III) pudiera arremeter contra él. Sin dudarlo, el rey macedonio clavó su lanza en la cara de Mitrídates, matándolo al instante. Su siguiente víctima fue el aristócrata persa Resaces, que había conseguido quitarle el casco al rey; a cambio, el aristócrata fue atravesado en las tripas por la lanza del rey. Sin embargo, mientras luchaba contra Resaces, Alejandro había estado a punto de morir; detrás de él estaba Espitrídates, que se disponía a acuchillar al rey hasta que el oficial macedonio Clito el Negro intervino en el último momento y cortó el brazo de Espitrídates.

Alejandro Magno rodeado por los enemigos persas
https://commons.wikimedia.org/wiki/File:Cornelis_Troost_001.jpg

Alejandro salvó la vida, pero la batalla estaba lejos de terminar. Parmenión y su caballería resistieron la embestida de las tropas persas lideradas por Reomitres mientras la falange avanzaba por el río, recibiendo la lluvia de proyectiles de los persas del otro lado. Sin embargo, al ver la masacre infligida por Alejandro y los compañeros en su flanco izquierdo, los persas empezaron a huir del campo de batalla. Aunque un puñado de persas permaneció junto al río, luchando hasta la muerte, el resto consiguió escabullirse y escapar, incluido Memnón de Rodas, que huyó hacia Mileto.

La noticia de la victoria de Alejandro en Gránico pronto se extendió por Asia Menor, lo que permitió a los macedonios someter las ciudades con facilidad. El rey se apoderó de Éfeso sin oponer resistencia y empezó a recibir emisarios de diversos asentamientos y ciudades que ofrecían su lealtad a cambio de la paz.

Entre los que habían enviado delegaciones al rey macedonio prometiendo su rendición se encontraba la ciudad de Mileto, bajo el mando de Hegesístrato. Sin embargo, al recibir la noticia de que una enorme flota aqueménida se dirigía a la región, Hegesístrato retiró su sumisión. Tras la decisión, Alejandro desplegó 160 barcos de la Liga Helénica hacia Mileto, que llegaron antes que los refuerzos persas. La flota de Alejandro ancló en la cercana isla de Lade, a la espera de nuevas órdenes. Alejandro mismo hizo marchar a sus tropas por tierra. Los refuerzos persas llegaron finalmente tres días después que los macedonios. Al ver que la flota de Alejandro ya había tomado Lade y que la isla estaba reforzada con escaramuzadores y unos miles de mercenarios, los 400 barcos persas se vieron obligados a atracar en las costas expuestas cerca del monte Mikale, más lejos de Mileto y escasos de suministros de agua dulce.

Con los refuerzos escondidos en un lugar distante, Alejandro y sus tropas terrestres iniciaron el asedio de Mileto. Se dice que el rey recibió una oferta de paz, pero la rechazó y exigió a la ciudad que luchara. Con las potentes máquinas de asedio que heredó de Filipo, Alejandro ordenó un ataque sin cuartel contra las murallas fortificadas. Las catapultas lanzaron pedruscos que derribaron gran parte de la fortaleza, mientras que los arietes se encargaron de crear brechas por las que pudieran entrar los soldados macedonios. En cuanto vieron a Alejandro y a las tropas terrestres irrumpir en la ciudad, la flota macedonia comandada por el almirante Nicanor abandonó rápidamente Lade y navegó hasta la bocana del puerto de Mileto, asegurando la ciudad por detrás e impidiendo que nadie saliera de ella. Mileto se rindió poco después de presenciar la destrucción de su ciudad. La flota persa, incapaz de echar una mano a la ciudad caída, intentó en vano atraer a Alejandro a mar abierto. Uno de los barcos fue terriblemente destruido por los trirremes de Alejandro, lo que provocó la retirada del resto de la flota persa.

Sin embargo, los persas eran formidables en el mar. Sus fuerzas navales se consideraban casi imbatibles, incluso a los ojos de Alejandro. Por ello, el rey planeó desbaratar sus flotas desde tierra. Para ejecutar esta estrategia, los macedonios debían tomar Halicarnaso, una ciudad controlada por Memnón de Rodas, que ya había estacionado suficientes guarniciones para repeler cualquier ataque de los macedonios. Sin embargo, no era fácil sitiar la ciudad, ya que Halicarnaso estaba rodeada por una gruesa muralla casi inexpugnable. En el exterior, la ciudad estaba protegida por fosos. Además, la flota de Alejandro con refuerzos de máquinas de asedio no pudo reunirse con él debido a las flotas persas que protegían las aguas. Obligado a idear otra estrategia para abrir una brecha en la ciudad, el rey dirigió una tropa de exploración cerca de las murallas, pero fue atacado de inmediato por las guarniciones comandadas por Memnón. Aunque los macedonios lograron repeler a los escaramuzadores, Alejandro se vio obligado a regresar a su campamento.

El rey macedonio tomó entonces un pequeño número de su ejército y cabalgó hacia el oeste de su campamento. Aquí, el rey intentó tomar la puerta de Mindo, pero las guarniciones tomaron represalias. Junto con los refuerzos enviados por Halicarnaso, Alejandro se vio obligado a retirarse una vez más. Afortunadamente, a su regreso a la puerta principal de la ciudad fortificada, los macedonios recibieron refuerzos de Atenas, que había logrado eludir a las flotas persas que controlaban el mar. Con las máquinas de asedio preparadas, los macedonios abrieron una brecha en las murallas de Halicarnaso, donde se encontraron con las muy disciplinadas fuerzas de Memnón. Tan formidables como ellos, los soldados de Memnón consiguieron mantener a raya a los macedonios, por lo que el asedio tuvo que reanudarse al día siguiente.

Sabiendo que su ciudad pronto se derrumbaría una vez que Alejandro lanzara torres y arietes contra sus murallas a la mañana siguiente, Memnón dirigió una pequeña tropa al amparo de la oscuridad hacia el campamento macedonio. Allí planeaba destruir sus máquinas de asedio, pero los macedonios no tardaron en descubrir el movimiento de la tropa. Se entabló una batalla fuera de las murallas de la ciudad. Tras perder casi 200 hombres en la batalla en la oscuridad, Memnón se retiró a la ciudad.

El asedio de Halicarnaso
https://commons.wikimedia.org/wiki/File:The_siege_and_capture_of_Halicarnassus_under_Alex
ander_the_Great.jpg

No hay registros que indiquen con exactitud las fechas del asedio, pero podemos suponer con seguridad que Halicarnaso resistió a los macedonios durante varios meses. Durante la batalla final a las puertas de la ciudad, Memnón sufrió muchas bajas y perdió casi mil hombres en un solo día. Pronto, el comandante se dio cuenta de que sus murallas ya no podrían resistir los ataques y que Alejandro podría abrir una brecha en la ciudad en cuestión de horas. Así pues, Memnón escapó por mar, no sin antes quemar parte de Halicarnaso, con la esperanza de que los macedonios no obtuvieran nada de su asedio.

A medianoche, el fuego se había extendido por la mayor parte de la ciudad, atrapando a sus ciudadanos. Alejandro, que había conseguido abrir una brecha, marchó por la ciudad, salvando a los que estaban en peligro por el fuego arrasador. En ese momento, Memnón hacía tiempo que había desaparecido y pronto planearía un ataque contra los macedonios a través de la península griega. Sin duda, el asedio había ocupado gran parte del valioso tiempo de Alejandro. Mientras estaba ocupado por el asedio, Darío tuvo tiempo más que suficiente para reunir sus grandes fuerzas, con el objetivo de derrotar al conquistador macedonio.

Capítulo 11: La conquista de Oriente Próximo

En efecto, no había descanso en las guerras. Tras demostrar su valía en Halicarnaso y Mileto, Alejandro obtuvo la sumisión de más de treinta ciudades de Asia Menor, entre ellas Janto, en la antigua Licia. Sin embargo, una ciudad de Pisidia se negó a arrodillarse ante el joven rey y optó por un final bastante brutal. En lugar de someterse al poder de los macedonios, quemaron a sus propias familias hasta reducirlas a cenizas. En el año 333 a. e. c., el nombre de Alejandro ya resonaba en muchas regiones de Asia Menor, algo que él había estado esperando, ya que lo acercaría al rey persa Darío III.

Alejandro sabía que debía preparar sus fuerzas para enfrentarse a Darío y su *juggernaut* persa. Sin embargo, pronto llegaron a sus oídos malas noticias en casa, que obligaron al joven rey a dividir su atención. Impulsado por la derrota en Gránico y por no haber aprovechado la oportunidad concedida por los dioses de cambiar las tornas en Halicarnaso, Memnón de Rodas, con la bendición de Darío, decidió atacar Macedonia y liderar una contrainvasión. Recurriendo a la idea que un año antes había presentado a los obstinados sátrapas persas y que había sido rechazada, Memnón asoló ciertas partes de Macedonia y Grecia, privándolas de suministros. A continuación, reclutó mercenarios y envió al menos cuatrocientas flotas para capturar las islas del Egeo. La isla de Quíos, junto con la mayor parte de Lesbos, pasó a manos persas. Demóstenes, que vio el fructífero esfuerzo del general rodio, empezó a instigar a Atenas para que planeara una revuelta contra Alejandro. Esparta también planeaba tomar cartas en el asunto preparándose para la guerra. Por suerte para Alejandro, quizá protegido por Aquiles y los dioses, Memnón enfermó en algún momento del verano del 333 a. e. c. y murió poco después, poniendo fin a los problemas en Macedonia. Alejandro pudo exhalar aliviado.

Pero no podía decirse lo mismo del rey persa, que se cansaba a medida que pasaban los días. Reunió a sus consejeros de mayor confianza para planear su próximo avance, con la esperanza de poder poner fin a las ambiciosas campañas del joven rey en su territorio. El consejo de sus consejeros fue el mismo: instaron al gran rey a abandonar inmediatamente la capital y encontrarse cara a cara con Alejandro en el campo de batalla. Afirmaban que la presencia de su rey en el campo de batalla podía elevar significativamente la moral militar, aumentando así sus posibilidades de arrasar a los macedonios y sus aliados. Al fin y al cabo, Darío poseía un mayor número de unidades militares que Alejandro.

Aunque los persas acordaron repeler la invasión por la fuerza, un individuo no estaba de acuerdo con el rey. Se trataba de Caridemo, un comandante mercenario ateniense que se había ganado la confianza del rey persa en parte por su odio a Alejandro. (Fue desterrado por el rey macedonio en 335 a. e. c. por animar continuamente a los atenienses a ir a la guerra contra los macedonios). A pesar del odio que sentía hacia los macedonios, Caridemo fue lo bastante sabio como para reconocer su extrema destreza militar. Argumentó que el consejo de los consejeros persas era pura estupidez. Si Darío decidía enfrentarse a Alejandro de forma tan precipitada, el imperio podría presenciar su perdición antes de lo que nadie había esperado. Para evitar una futura masacre, se ofreció a liderar las tropas persas. Aunque en un principio Darío dio muestras de estar de su parte, el rey desechó la idea tras el desacuerdo colectivo de sus consejeros. Caridemo, siempre conocido por su temperamento, empezó a criticar sin rodeos la capacidad del ejército persa. Por desgracia, sus palabras resultaron fatales: Darío no tardó en perder los estribos y ejecutó al comandante ateniense exiliado. Se tomó una decisión definitiva: el gran rey persa se enfrentaría a Alejandro cara a cara con las espadas en la mano.

Mientras Darío pasaba los días reuniendo fuerzas para la batalla que se avecinaba para salvar su tierra, Alejandro y sus intrépidas tropas cruzaron las puertas de Cilicia y entraron triunfalmente en Tarso. Según

Plutarco, tras llegar a la ciudad, Alejandro se bañó en el Cidno. El río, de temperaturas extremadamente frías, hizo que el joven rey cayera enfermo. Probablemente sufrió hipotermia y fue tratado por su médico, Filipo. Debido a su mal estado, Alejandro tuvo que enviar a Parmenión a buscar un lugar estratégico donde los macedonios pudieran establecer una base de operaciones. Tras días de exploración, Parmenión llegó y permaneció en la ciudad de Issos mientras vigilaba de cerca todos los movimientos de los persas. Varias semanas después, Alejandro recuperó la salud. Sin perder más tiempo, dirigió las tropas a Issos. Se dice que dejó a sus soldados enfermos y heridos en la ciudad antes de avanzar hacia el sur, hacia las puertas de Siria, por donde creía que pasaría Darío.

Para su decepción, Darío tomó un camino diferente. Quizás capaces de predecir los movimientos de Alejandro, los persas tomaron una ruta más larga y abrieron una brecha en Issos desde el norte. Aquí, el rey persa causó estragos. Durante lo que se suponía que era un periodo de recuperación, los macedonios enfermos y heridos fueron torturados y algunos masacrados. A los que sobrevivieron les cortaron la mano derecha. Esta terrible emboscada sin duda enfureció al rey macedonio, que inmediatamente condujo a sus tropas de vuelta a Issos (aunque Darío ya se había marchado cuando llegó).

La persecución del gato y el ratón terminó finalmente cuando los dos poderosos reyes se encontraron a orillas de un pequeño río llamado Pinaro. Con solo echar un vistazo a ambas partes, muchos podrían estar de acuerdo en que los persas fueron fácilmente los dueños de la batalla. La ubicación de la batalla, elegida por Darío, dificultaba las maniobras de los macedonios, y además los persas contaban con más tropas. Sin embargo, a pesar de las bajas, a Alejandro nunca le faltaron estrategias. Hizo marchar a sus tropas por el estrecho pasadizo hasta los pilares de Jonás, desde donde podía observar a las fuerzas aqueménidas en todo momento. A continuación, alimentó a su ejército con comida caliente y les dio una buena noche de descanso. Justo antes del amanecer del día siguiente, el joven rey condujo a sus soldados —que, aunque no estaban como nuevos, se habían recuperado— hacia la orilla del río y los puso en posición para una de las mayores batallas de la historia antigua.

Se dice que el día de la batalla el tiempo era terrible: llovía y hacía frío. Sin embargo, eso no impidió a Alejandro observar la formación del ejército de Darío al otro lado del río. Aunque las fuentes antiguas afirman que el rey persa tenía entre 300.000 y 600.000 hombres vestidos con armadura apostados en la llanura, los historiadores modernos sugieren que la cifra era bastante ilógica: era poco probable tener fuerzas tan masivas reunidas en la pequeña franja de tierra. Por lo tanto, podemos suponer con seguridad que Darío estaba acompañado por no más de 100.000 soldados, superando en número a los macedonios en al menos dos a uno.

Darío se mantuvo al frente y en el centro de su formación militar. El gran rey iba en su carro real, rodeado por 10.000 guardaespaldas reales llamados los Inmortales. En su flanco izquierdo o derecho se encontraban los mercenarios griegos altamente entrenados, los arqueros y la infantería pesada profesional persa conocida como los Cardaces. Su caballería, por su parte, tomaba posiciones en el lado marítimo de las llanuras, con escaramuzadores a caballo situados muy a su izquierda para penetrar en el flanco derecho de Alejandro.

Frente a los persas, Alejandro había dividido a los falangistas macedonios en seis brigadas, cada una al mando de sus oficiales de mayor confianza: Amintas, Tolomeo, Meleagro, Crátero, Pérdicas y Coeno. Las brigadas también contaban con el apoyo de arqueros cretenses y jabalineros tracios en el flanco izquierdo y de hipaspistas bajo el estricto mando de Nicanor en el derecho. Alejandro y sus unidades de caballería de élite estaban situados lejos, en el flanco derecho del campo de batalla, mientras que Parmenión y sus tropas de caballería estaban en el extremo izquierdo, obstaculizados por el mar y enfrentados a la veloz caballería de Darío.

Se dice que, antes de lanzar su esperado ataque contra las fuerzas de Darío, Alejandro cabalgó a través de su línea de soldados mientras gritaba palabras de aliento a pleno pulmón. Recordó a los macedonios su gloria y todas las heridas que los persas habían infligido a los griegos. En cuanto a los tracios, el joven rey les habló de los innumerables tesoros que les esperaban al final de la batalla. Con el espíritu de sus hombres levantado, Alejandro regresó a su posición al galope. La gran batalla comenzó con el repentino grito de guerra de los persas, que fue respondido inmediatamente por los macedonios mientras avanzaban por el río.

Los persas no tardaron en arrollar a la unidad de caballería de Parmenión. Con su gran número, los persas descargaron duros golpes sobre los macedonios y consiguieron empujar a la caballería más cerca del mar, dificultando aún más sus maniobras. Mientras que Alejandro y sus compañeros atacaron certeramente el flanco izquierdo de Darío, demoliendo por completo la infantería persa, a los miles de falangistas de Alejandro no les fue tan bien: su formación se rompió debido a lo accidentado del terreno, dejando paso a los mercenarios griegos de Darío —la mayoría de ellos con lanzas cortas para facilitar sus movimientos— para atacar duramente a los macedonios. En ese momento, parecía que los macedonios estaban librando una batalla perdida.

Aunque los persas lograron rodear y casi rechazar a la falange macedonia en el centro del campo de batalla, habían dejado involuntariamente su retaguardia expuesta y desprotegida. Alejandro, viendo en ello una oportunidad para cambiar las tornas, condujo a sus compañeros a la brecha y ayudó a los abrumados falangistas. En ese momento, el joven rey se dio cuenta de la proximidad de Darío. El rey persa, cuyo rostro se había puesto azul al ver caer a sus soldados uno a uno, se preparó para salvarse. Ante la angustia de morir, Darío se dirigió inmediatamente a su hermano Oxatres, que ordenó a su unidad de caballería que impidiera a Alejandro perseguir al rey persa. Como era de esperar, la caballería persa fracasó en su tarea, ya que los macedonios se abrieron paso fácilmente a través del ataque. En un acto desesperado, Darío disparó una flecha contra Alejandro, atravesándole el muslo.

Sin embargo, la herida no frenó al rey sediento de sangre. Siguió galopando hacia el rey persa, que acababa de cambiar de caballo. Aturdidos por la huida de su monarca del sangriento campo de batalla y el aplastamiento de su infantería, los persas se retiraron, dejando la victoria en manos de los macedonios. Mientras sus tropas rugían triunfantes, Alejandro no pensaba perdonar al rey persa. Persiguió a Darío hasta que cayó la noche. Por desgracia, regresó con las manos vacías, pero no fue la última vez que se encontró con el rey aqueménida.

Tras su victoria, los macedonios invadieron el campamento persa. Saquearon todas sus riquezas y tesoros. En una tienda en particular, encontraron a la familia real: La madre, esposa e hijos de Darío. Aunque Alejandro era conocido a veces por su mal genio y sus decisiones precipitadas, el rey también sabía cuándo mostrar piedad. En lugar de castigar a la familia de Darío, Alejandro ordenó a su gente que se ocupara de ellos. Los registros antiguos afirman que, al ser informada de la huida de Darío por el rey victorioso, Sisigambis (la madre de Darío) optó por repudiar a su hijo y empezó a ver a Alejandro como suyo; incluso lloró cuando le llegó la noticia de la muerte de Alejandro en los años siguientes.

La familia de Darío conociendo a Alejandro Magno
https://commons.wikimedia.org/wiki/File:Sebastiano_Ricci_017.jpg

Por mucho que deseara la cabeza de Darío en bandeja, Alejandro tenía que centrarse en otra cosa. Al fin y al cabo, el rey persa podría haber escapado a las profundidades de su tierra, y marchar directamente a sus dominios podría ser un desastre. Así que Alejandro desvió su atención hacia las bases navales persas. Tras solo unos días de descanso después de la gran batalla de Issos, el joven rey condujo a su ejército a Fenicia, donde aceptó la sumisión de varias ciudades, entre ellas la ciudad portuaria costera de Maratos. Se dice que, en algún momento de su estancia en la región, Alejandro se encontró con enviados de Darío que le ofrecieron un trato: el rey persa imploró a Alejandro que le devolviera a su familia y detuviera la feroz invasión. A cambio, ciertas regiones pertenecientes al Imperio aqueménida serían entregadas pacíficamente a los macedonios. Por supuesto, el tratado de paz fue rechazado por Alejandro, que más tarde advirtió arrogantemente a los enviados que la próxima vez que se cruzaran se dirigieran a él como «rey de Asia».

Alejandro continuó su invasión hacia el sur y tuvo que enfrentarse de nuevo a la resistencia. Esta vez, fue de la ciudad madre de Cartago, Tiro. Al principio, los tirios fueron bastante amistosos con los macedonios. Aunque colmaron al joven rey de regalos, hospitalidad y provisiones para el ejército, los tirios no estaban dispuestos a someterse a su poder. Las cosas empezaron a agravarse cuando los enviados tirios rechazaron la petición de Alejandro de ofrecer un sacrificio en su gran templo. En un arrebato de ira, el rey macedonio despachó a los enviados de vuelta a su ciudad con una amenaza: afirmaba que los tirios confiaban demasiado en sus fortificaciones, lo cual era realmente imprudente.

Dado que la ciudad isleña estaba fuertemente protegida —con la ayuda de grandes murallas y fortificaciones naturales— y situada a bastante distancia de tierra firme, los tirios no pensaban someterse a los macedonios en un futuro próximo. Su decisión de luchar se tomó cuando delegaciones de otras ciudades cartaginesas llegaron al interior de sus murallas seguras: se dijo a los tirios que vendrían refuerzos en su ayuda si decidían defenderse. Se dice que el propio Alejandro envió emisarios a Tiro una vez que su ira se hubo calmado, pero los tirios rechazaron claramente las ofertas de paz. En su lugar, asesinaron a los emisarios y arrojaron sus cuerpos a las profundidades del mar. Tras enterarse de la vergonzosa respuesta, el joven rey comenzó a planear un asedio exhaustivo, que llevaría mucho tiempo y requeriría estrategias extremas.

Los días se convirtieron en semanas, y el joven rey ideó una forma de transportar a sus soldados a través del mar. Reunió el mayor número posible de hombres, no solo de sus propias tropas, sino también de las ciudades que se habían sometido a su influencia. Con suficientes trabajadores, el rey ordenó la construcción de una calzada que pudiera conectar la tierra en la que acampaban con la isla fortificada. La construcción del puente (de casi un kilómetro de longitud) se topó con muchas complicaciones. Aparte del nivel del agua, que poco a poco se iba haciendo más profundo, los obreros también tuvieron que hacer frente a los diversos ataques lanzados por la armada y las artillerías tirias estacionadas en las murallas.

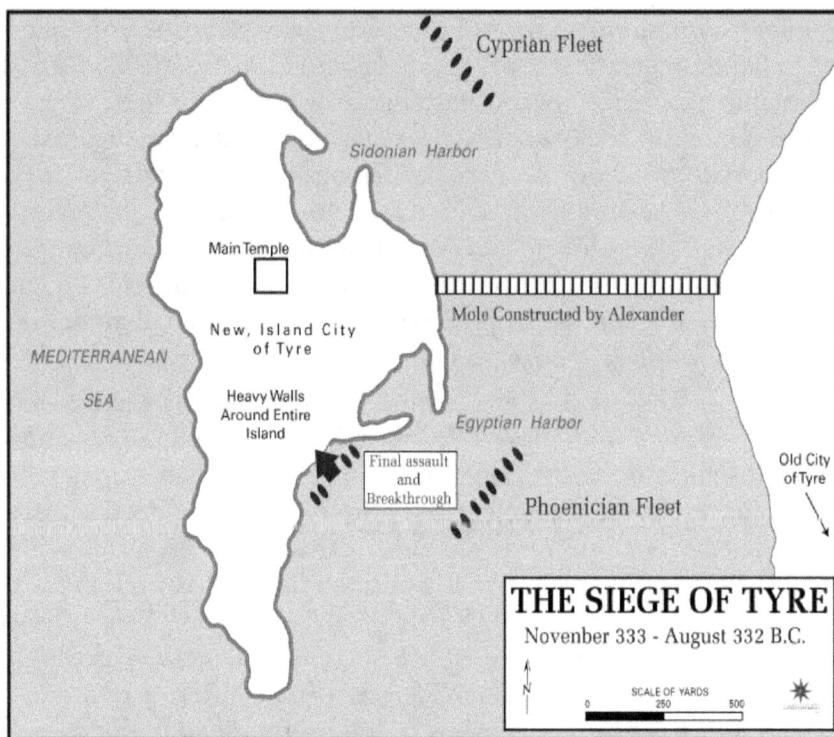

Mapa de los movimientos de tropas durante el asedio de Alejandro
https://commons.wikimedia.org/wiki/File:Siege_tyre.gif

Alejandro ordenó construir torres y colocó catapultas en la calzada para contraatacar a los tirios. Sin embargo, el rey pronto se dio cuenta de que sus posibilidades de éxito se dispararían si pudiera reunir suficientes fuerzas navales de sus aliados cercanos. Abandonando su base de operaciones, Alejandro viajó a varias ciudades fenicias del norte con la esperanza de conseguir flotas. Por suerte para el rey, las ciudades optaron por desertar del rey persa y prometieron a Alejandro su colaboración: el rey consiguió al menos 80 barcos de las ciudades. Pronto llegaron más buenas noticias cuando recibió 120 barcos de los reyes de Chipre, con lo que su formidable armada aumentó considerablemente.

Con sus fuerzas navales recién adquiridas, Alejandro atacó triunfalmente dos puertos de la isla, dejando atónitos a los tirios. Incluso había ganado tiempo suficiente para que la calzada llegara hasta la ciudad fortificada. Con las catapultas preparadas, los macedonios finalmente abrieron una brecha en la ciudad. A pesar de las falsa promesas —los refuerzos de las ciudades cartaginesas nunca llegaron—, los tirios presentaron una fuerte y valiente resistencia a los macedonios. Pero con un agujero en sus gigantescas murallas, la derrota se vislumbraba claramente en el horizonte. Los intrépidos batallones de Alejandro entraron en tropel y provocaron una catástrofe masiva en la ciudad desafiante. Aunque el rey de Tiro, Azemilco, y decenas de sus súbditos que buscaban protección en su gran templo se salvaron, el resto de la población fue masacrada o vendida como esclavos. Tras dar una cruel lección a Tiro, Alejandro continuó su campaña hacia el sur, donde tenía sus ojos puestos en el reino del Nilo.

Capítulo 12: La célebre llegada de Alejandro a Egipto

En el año 322 a. e. c., Alejandro había salido victorioso en al menos cinco grandes batallas. Además de encontrar a Darío III, que había burlado a la muerte durante la batalla de Issos, el sueño del rey macedonio se había vuelto aún más ambicioso: deseaba adquirir no solo todos los territorios bajo el control del vasto Imperio aqueménida, sino también las muchas regiones situadas fuera de él. El tiempo apremiaba, y un minuto perdido podía permitir a los persas tomar la delantera. Así pues, el ambicioso rey se aventuró hacia el sur, donde planeaba expandir su influencia hasta Egipto. Dado que Egipto era uno de los reinos más ricos del mundo antiguo, la razón de Alejandro para hacerse con él estaba clara: con acceso a sus tesoros, podría utilizar la riqueza del reino para apoyar sus próximas conquistas, la misma idea que tuvieron los romanos siglos más tarde.

Darío, que tal vez había visto los destellos de la gran derrota de su imperio, aún no había renunciado a quedar bien con Alejandro. Una vez más, el monarca persa envió delegados a Alejandro portando ofrendas de paz. Por segunda vez, el orgulloso rey macedonio se negó y exigió a los persas que lucharan. Este fue el último intento de negociación por parte de Darío. A los persas no les quedaba más remedio que enfrentarse de nuevo a las fuerzas macedonias si querían recuperar su gloria.

Mientras Darío y los persas estaban ocupados trabajando en su siguiente paso para expulsar a los invasores de sus tierras, las múltiples victorias de Alejandro lo habían recompensado con la fácil sumisión de las ciudades de Palestina. Solo una optó por cerrar sus puertas ante el poderoso conquistador: la fortaleza de Gaza, situada en lo alto de una colina. En ese momento, los macedonios sabían que su rey recurriría sin duda al asedio de la ciudad desafiante si querían obligarla a aceptar el dominio macedonio. Asegurar Gaza también era crucial, ya que la fortaleza de dieciocho metros servía para controlar el paso hacia Egipto y sus regiones. Sin embargo, al igual que en el asedio de Tiro, penetrar las altas murallas de Gaza no sería tarea fácil. No solo su ubicación suponía un obstáculo para los macedonios, sino que el gobernador persa de la ciudad, Batis, había tomado medidas de precaución tras enterarse de la terrible destrucción de Tiro. Las reservas y los suministros se reabastecieron hasta los topes, como si el día del juicio final estuviera en el horizonte. Batis también había contratado espadas de repuesto: había negociado con los feroces mercenarios árabes.

A pesar de los preparativos del gobernador persa, Alejandro nunca se echó atrás. Hizo marchar a sus leales tropas desde Fenicia hasta Palestina, aunque el viaje fue duro. El verano en las regiones de Oriente Próximo era horrible; el calor abrasador del sol podía matar a los que no estaban en buena forma. También escaseaban las provisiones y el agua. Afortunadamente, las tropas contaban con el apoyo de Hefestión (el compañero más íntimo —o amante, según algunas fuentes— de Alejandro), que comandaba una flota que transportaba alimentos y agua recogidos en las regiones cercanas.

Al acercarse a Gaza, Alejandro ordenó a su ejército que tomara posiciones en las murallas meridionales de la fortaleza. Basándose en su cuidadosa observación, el joven rey afirmó que esta parte de la ciudad era la más débil. En un principio, Alejandro planeó sorprender a los palestinos y a su gobernador persa desde el subsuelo. Ordenó a sus ingenieros y obreros que construyeran pasadizos subterráneos que condujeran a la ciudad. Habiendo comenzado lejos de la vista de los palestinos, la excavación parecía estar teniendo éxito. Se lanzaron torres de asedio para distraer su atención. Sin embargo, cuando los macedonios se acercaron a las murallas fortificadas, el terreno accidentado y las arenas blandas detuvieron su avance.

El joven rey, que empezaba a inquietarse tras el fallido intento, pidió consejo a los dioses. Al día siguiente, Alejandro ofreció un sacrificio.

Cuenta la leyenda que los dioses respondieron a su llamada casi tan pronto como inició la ofrenda. Sin embargo, la respuesta fue bastante vaga. Cuando el rey estaba en pleno ritual, un cuervo voló por encima de él y dejó caer un trozo de barro sobre su cabeza antes de posarse en una de sus torres de asedio. Desconcertado por el incidente y temiendo que fuera una advertencia de los dioses, Alejandro llamó a su vidente favorito, Aristandro, con la esperanza de que pudiera interpretar el suceso.

—La ciudad pronto estará en ruinas —informó Aristandro al joven rey—. Pero, ten cuidado, pues te ocurriría algún daño durante el enfrentamiento.

El adivino también sugirió al rey y a su ejército que descansaran durante todo el día, a lo que Alejandro obedeció sin rechistar.

Al notar el repentino silencio fuera de sus murallas, los gazatíes, que pensaban que los macedonios empezaban a rendirse, enviaron algunas tropas árabes para destruir las torres de asedio. Los macedonios, sorprendidos por el ataque, se esforzaron por repeler a los árabes, pero la presión se alivió pronto cuando Alejandro llegó con sus compañeros. Los árabes que sobrevivieron a los golpes mortales de los macedonios se retiraron tras las puertas. Sin embargo, como había predicho el presagio, no se esperaba que el joven rey regresara ileso a su campamento.

Un relato cuenta cómo el rey fue engañado y estuvo a punto de perder la vida. Se dice que, tras hacer retroceder al enemigo, Alejandro se enfrentó a un desertor árabe que pedía su perdón y deseaba someterse. El joven y misericordioso rey se acercó entonces al desertor, expresándole su gratitud por su sumisión. Una vez bajada la guardia del rey, el desertor —que resultó ser uno de los mercenarios árabes contratados por Batis— se lanzó hacia Alejandro blandiendo su espada. Gracias a sus rápidos reflejos, el rey esquivó el ataque, pero un arquero situado detrás de él disparó una flecha al hombro de Alejandro. Al ver la herida de su rey, los macedonios tomaron represalias y obligaron a sus enemigos a retirarse de nuevo tras los seguros muros de su ciudad fortificada. Aunque su herida conmocionó a muchos de los suyos, Alejandro estaba más que entusiasmado. Parte de la profecía que interpretó Aristandro se había hecho realidad. La otra parte que le quedaba era ver la ciudad en llamas.

Mientras atendía su herida y esperaba recuperarse, Alejandro ordenó a sus súbditos que construyeran montículos tan altos como las murallas que rodeaban la ciudad. Varias semanas después, los macedonios lograron por fin abrir una brecha en la ciudad fuertemente fortificada. En los montículos se encontraban sus armas de asedio, utilizadas para disparar proyectiles continuamente contra las murallas. Una vez penetradas las murallas, las tropas macedonias irrumpieron en la ciudad, matando a todo el que se interponía en su camino y saqueando todos los tesoros de cada edificio. Alejandro tardó dos meses en someter a Gaza a su dominio. A pesar de ver cómo se desmoronaba la ciudad, Batis se negó a someterse, lo que acabó provocándole una muerte lenta y terrible: lo ataron las piernas detrás de un carro, que arrastró su cuerpo por la ciudad hasta que murió. A diferencia de Tiro, nadie sobrevivió al asedio. Los hombres fueron masacrados, mientras que las mujeres y los niños fueron vendidos como esclavos.

Con Gaza derrotada, Alejandro podía ahora marchar a través del paso y entrar en Egipto. Una semana después de partir de Gaza, los macedonios llegaron a Pelusio. El rey esperaba encontrarse con otro pequeño inconveniente al llegar a la ciudad. Pero, para sorpresa del macedonio, los egipcios coreaban su nombre con alegría y le daban repetidamente las gracias por haber expulsado a los persas de sus tierras. Al igual que los romanos en siglos posteriores, Persia había utilizado Egipto como fuente de ingresos, agotando sus riquezas y absorbiendo la mayor parte de sus recursos agrícolas. Los persas incluso se inmiscuyeron en las prácticas religiosas de los egipcios: se cree que el rey persa Cambises II mató a Apis, el toro sagrado de los egipcios. Así pues, desde el punto de vista de los egipcios, Alejandro fue más un libertador que un conquistador. A falta de apoyo, el sátrapa de Pelusio, Mazaces, optó sabiamente por evitar el conflicto y dejó paso al rey macedonio. Mazaces entabló amistad con Alejandro y le concedió pleno acceso al tesoro de la región.

Desde Pelusio, los macedonios viajaron río arriba hacia Menfis, la capital tradicional y religiosa de Egipto. Aunque no encontró resistencia al llegar a Egipto, Alejandro tuvo que asegurarse de que todos lo celebraran. Se había dado cuenta del odio de los egipcios hacia Cambises cuando mató a sangre fría a su animal sagrado. Así que, tal vez para mostrarse totalmente opuesto al rey persa y ganarse el corazón de muchos, Alejandro llevó a cabo un ritual de sacrificio en nombre de Apis, el dios egipcio más venerado en Menfis.

Tras este gran acto, también se cuenta que el rey visitó un importante lugar sagrado, presumiblemente en Saqqara. Allí, Alejandro fue recibido por los sacerdotes, que más tarde lo coronaron faraón de Egipto. Con la doble corona del Alto y Bajo Egipto sobre su cabeza, Alejandro fue proclamado hijo de Ra, Horus el Dorado y Amado de Amón. Se discute si fue coronado tradicionalmente con fastuosas ceremonias, pero en el templo de Lúxor hay una imagen del rey macedonio ataviado con el atuendo faraónico tradicional junto al dios Amón. Alejandro siempre había ostentado con orgullo sus vínculos con la divinidad, por lo que cabe suponer que el rey valoraba los títulos divinos concedidos por los sacerdotes egipcios.

ALEXANDER AT THE TEMPLE OF APIS IN MEMPHIS.

Alejandro visitando el templo de Apis en Menfis

Alejandro no permaneció mucho tiempo en Menfis. Como nuevo dios-rey del Nilo, lo esperaban en otra parte. El rey macedonio condujo sus tropas hacia el norte, llegando finalmente a Racotis. Su ubicación era sorprendente. El lugar daba a la pequeña isla de Faros y estaba cerca del mar Mediterráneo. Allí, Alejandro fundó la ciudad de sus sueños y la llamó Alejandría, una ciudad que resistió el paso del tiempo y que permanece hasta nuestros días. Aunque Alejandro no llegaría a ver terminada la ciudad, Alejandría pronto se convertiría en la joya del Mediterráneo; también se convirtió en objetivo de muchas fuerzas formidables en el futuro, incluido el Imperio romano.

Antes de abandonar el valle del Nilo, Alejandro tenía un último asunto que atender. Había oído hablar del oráculo de Amón y era consciente de la exactitud de las profecías dadas por el oráculo. (Se creía que muchos gigantes históricos habían consultado el oráculo, entre ellos Cambises, el hijo de Ciro el Grande, y el rey Creso de Lidia). Al fin y al cabo, Amón era la manifestación egipcia del dios griego de la iluminación Zeus; por tanto, no era en absoluto sorprendente que Alejandro quisiera visitar el santuario donde residía el oráculo.

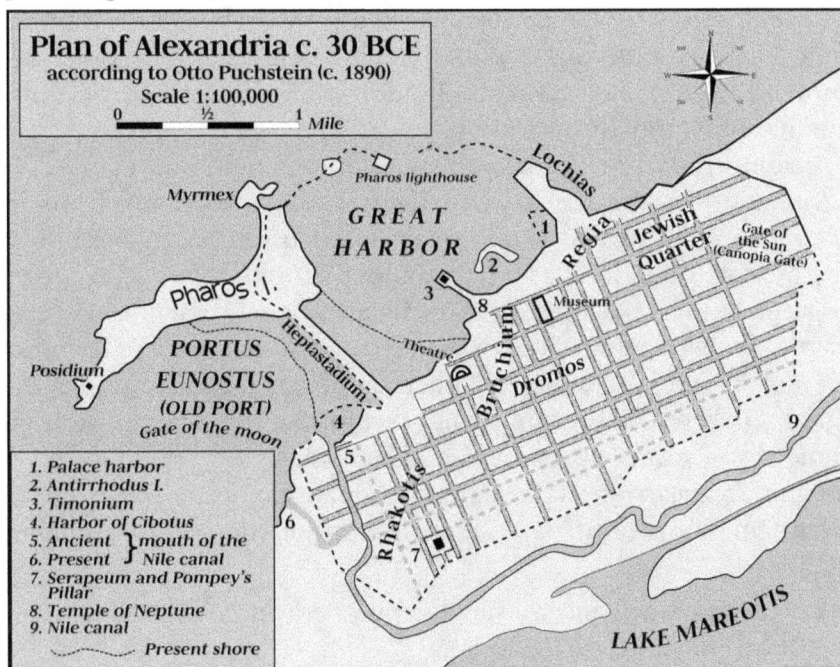

Plano de Alejandría en el año 30 a. e. c.

Sin embargo, el viaje para encontrarse con el oráculo era desalentador. El templo de Amón se encontraba en el oasis de Siwa, a más de trescientas millas del lago Mariout y en dirección al despiadado desierto. Pero esto no detuvo al rey macedonio. Con una pequeña fuerza y acompañado por su general Ptolomeo, Alejandro emprendió el viaje a principios del año 332 a. e. c. Recorrieron la costa mediterránea y se detuvieron en Paraitonion, que abrió sus puertas a los macedonios. El rey aceptó la sumisión de la pequeña ciudad y recibió como regalo carros y buenos corceles. Desde allí, Alejandro y sus hombres se adentraron en el desierto libio. Las reservas de agua tardaron solo cuatro días en secarse por completo, pero la lluvia no tardó en caer a cántaros por toda la región, como si los dioses hubieran favorecido al rey. Justo cuando el grupo macedonio estaba a punto de respirar aliviado, la Madre Naturaleza trajo una terrible tormenta de arena, borrando los puntos de referencia que podrían ayudarlos a llegar al oasis. Al perder la orientación, el rey y su grupo se retrasaron. Tras seguir la dirección de los pájaros en el cielo, los macedonios llegaron por fin al oasis de Siwa un mes después de su partida inicial.

Alejandro no pensaba perder más tiempo y se dirigió directamente al templo. Le concedieron la entrada, pero solo a él. El resto de sus hombres tuvieron que quedarse fuera, donde disfrutaron del lujo del magnífico oasis tras un mes de bajas. Se cree que, al entrar, Alejandro fue recibido por el sacerdote principal, que se refirió a él como el hijo de Amón y el señor de las Dos Tierras. Lo que el rey le preguntó exactamente y las profecías que recibió siguen siendo un misterio hasta el día de hoy. Cuando Alejandro salió del templo, selló su boca y nunca dijo a nadie las palabras pronunciadas por el oráculo. El escritor Arriano, sin embargo, afirmó que el corazón del rey estaba más que contento al salir del templo. Plutarco, por su parte, escribió que la pregunta del rey sobre su linaje divino fue finalmente respondida durante esta visita en particular. Cuando se le preguntó si había conseguido vengarse de la muerte de su padre, Alejandro fue advertido inmediatamente de que se anduviera con pies de plomo y cuidara su lengua.

«Tu padre nunca fue asesinado, pues era inmortal», pudo haberle dicho el oráculo al rey macedonio.

A través de esta posible conversación descrita por Plutarco, el oráculo admitió vagamente que Alejandro era realmente un ser divino por derecho propio. Tal vez Olimpia tuviera razón; su padre no era otro que el mismísimo Zeus. Se cumpliera o no la profecía, las fuentes antiguas coinciden en que su legendaria visita al oráculo de Amón dejó un impacto significativo en el rey y que el cambio fue visible, sobre todo para los que lucharon a su lado.

Capítulo 13: Gaugamela: donde Persia se derrumbó en ruinas

El reino de Macedonia había crecido enormemente desde que el trono pasó a manos del ambicioso rey. Siria, Fenicia y Egipto estaban bajo su protección, y sus riquezas se encontraban a buen recaudo en las arcas macedonias. Los problemas financieros eran cosa del pasado y, para entonces, Alejandro podía lanzar campañas no solo por todo el desmoronado Imperio aqueménida, sino también por los confines del mundo. Pero, por supuesto, se imponía un buen descanso, sobre todo para sus leales soldados, que habían luchado duramente en numerosas batallas y asedios. Así que, tras adquirir Egipto, el rey macedonio y sus tropas se tomaron un breve descanso durante el invierno. Cuando el hielo se hubo descongelado y la brisa fría desapareció, el conquistador reanudó su campaña.

En la primavera del año 331 a. e. c., Alejandro finalmente dirigió a sus súbditos hacia el corazón de Persia. Las fuentes antiguas afirman que, en un principio, el rey pretendía avanzar directamente hacia Babilonia, pero cambió de idea cuando llegaron a sus oídos noticias de que Darío estaba acumulando más fuerzas. Estaba claro que se avecinaba otra batalla, y Alejandro no volvería a rechazar la oportunidad de enfrentarse a su enemigo. Sin embargo, antes de que el rey pudiera dedicar toda su atención a derrotar a los persas de una vez por todas, tenía que ocuparse de los asuntos internos.

Recientemente habían llegado mensajeros informándole de las numerosas revueltas que se estaban produciendo en las ciudades-estado griegas. Instigados por el rey espartano Agis III, los griegos empezaban a retirar su apoyo a Alejandro y a causar problemas en todas las regiones helénicas. En respuesta a estas noticias, Alejandro desplegó un centenar de barcos hacia Grecia, ayudando a los que permanecían leales al reino macedonio. El resto del asunto quedó entonces en manos de Antípatro, que acabaría dirigiendo a los macedonios en una guerra victoriosa contra los espartanos en Megalópolis.

Con los disturbios en casa considerados resueltos, Alejandro continuó marchando hacia Tápsaco por la orilla occidental del Éufrates. Allí se reunió con Hefestión, que había sido enviado con anterioridad al lugar. Bajo el mando de Hefestión, los macedonios construyeron un par de puentes flotantes que permitieron a los soldados cruzar el río. Sin embargo, los macedonios nunca estuvieron solos: 3.000 soldados de caballería persa al mando del sátrapa de Darío, Maceo, habían estado espiando los movimientos del rey. No está claro si estas fuerzas de caballería pretendían atacar a los macedonios; algunas fuentes afirman que en un principio se les ordenó impedir que Alejandro cruzara el río, mientras que otras sugieren que Darío simplemente estaba desesperado por obtener información.

Tras meses recuperándose de su derrota en Issos, Darío había reunido por fin a sus hombres y aliados de mayor confianza para discutir sus próximos pasos para salvar lo que quedaba de su moribundo imperio. Asumiendo que Alejandro marcharía audazmente hacia Babilonia, Darío decidió confiar en sus gigantescas fuerzas de caballería. Planeó atraer a los macedonios hacia Cunaxa, una llanura propicia para la caballería donde su ejército montado podría aniquilar al orgulloso rey y a sus soldados. Para despojar a sus enemigos de alimentos y suministros, Darío también ordenó las populares tácticas de tierra quemada. Además, Darío esperaba que las inclemencias del tiempo entorpecieran aún más el avance de los macedonios. Sin embargo, sin que el temeroso rey persa lo supiera, Alejandro había cambiado de rumbo. En lugar de avanzar hacia Babilonia y caer en su trampa, Alejandro condujo a sus tropas hacia el noreste, en dirección al río Tigris. El inesperado descarrilamiento fue observado por Maceo, quien, sin perder un instante, galopó hasta encontrarse con Darío.

Sin duda, la noticia dejó atónito a Darío, pero los persas no tardaron en poner sobre la mesa nuevas estrategias. Antes de que Alejandro pudiera llegar a la orilla del río, Darío envió rápidamente a Maceo y a su caballería hacia el norte para que siguieran vigilando cada paso de Alejandro mientras preparaba sus fuerzas para cabalgar hacia la antigua ciudad de Arbela.

Sin embargo, intencionadamente o no, se dice que Alejandro capturó a uno de los exploradores de Maceo justo antes de que los macedonios pudieran cruzar el Tigris. Tras una serie de interrogatorios y tal vez torturas, el explorador informó al rey de que Darío también se dirigía al río, donde pronto estallaría una batalla. Por otra parte, Alejandro había conseguido información sobre el número de persas. Impulsado por el temerario deseo de enfrentarse al enorme ejército persa en ese mismo momento, hizo avanzar a su ejército hacia el curso superior del río a toda velocidad. Alejandro nunca dejaba pasar la oportunidad de demostrar su excepcional competencia militar, por lo que una victoria contra un enemigo que lo superaba en número sería sin duda un buen añadido a su biografía.

Para decepción del joven rey, la información obtenida de los exploradores capturados no era más que una mentira. Darío y sus cientos de miles de tropas no aparecían por ninguna parte. Sin embargo, por el lado bueno, los macedonios podían cruzar el Tigris sin conflictos. Al darse cuenta del cansancio de sus soldados tras la larga marcha, Alejandro les concedió el descanso nocturno que necesitaban, ya que Darío no tardaría en llegar.

A pocos días de camino de la aldea de Gaugamela había una llanura montañosa. Tras observar los alrededores, Darío decidió convertir la llanura en un sangriento campo de batalla. Perder otra batalla significaría el fin de su trono —y, tal vez, de su propia vida por lo que el rey persa debía asegurarse de que todo estuviera preparado antes incluso de oír los lejanos cascos y pasos de los feroces macedonios. En consecuencia, ordenó enérgicamente a los obreros que despejaran el campo de batalla para sus tropas: se allanaron colinas, se retiraron rocas y se talaron árboles. Recordaba vívidamente la masacre de Gránico, así que lo más sensato era asegurarse de que sus tropas dispusieran de suficiente terreno para maniobrar. Alejandro, aún de camino, se enteró de la ubicación de Darío cuando los macedonios capturaron a otro de los exploradores a caballo de Maceo. Aparte de la ubicación exacta de la batalla que se avecinaba, el rey también recibió información sobre las obras de nivelación del terreno de Darío y diversas trampas tendidas para herir a los soldados.

Mientras los macedonios dormían en su campamento no lejos de Gaugamela, los persas se habrían infiltrado en su campamento. Darío había llegado al extremo de enviar mensajeros a los mercenarios griegos, con la esperanza de que, dándoles recompensas de oro, se volverían contra Alejandro. Por desgracia para el rey persa, el mensaje nunca llegó a los griegos, ya que fue rápidamente interceptado. Los registros antiguos sugieren que Alejandro quiso leer la carta a sus camaradas en voz alta para mostrar su confianza en los griegos. Sin embargo, esta acción descuidada fue detenida por Parmenión, que afirmó que la codicia no conoce límites. Una vez desvelada la carta y reforzada la seguridad de su campamento, Alejandro y una pequeña fuerza montada fueron a explorar a los persas en la llanura. Al regresar a su tienda esa misma noche, Alejandro pasó horas buscando la oportunidad de oro para hacer añicos la enorme fuerza de Darío. Parmenión sugirió al rey que atacara al enemigo por la noche, a lo que Alejandro se negó de inmediato.

«No robaré la victoria al amparo de la oscuridad», pudo haber respondido Alejandro. El rey, conocido por su superstición, también expresó su confianza en vencer a los persas tras presenciar un eclipse (signo de victoria) unos días antes. Parmenión no tuvo más remedio que acatar las órdenes de su rey. Aquella noche, Alejandro durmió a pierna suelta —incluso se quedó dormido al día siguiente— mientras el resto de sus soldados recibían una buena alimentación y recomendaciones de buen descanso. Darío, en cambio, se inquietó e hizo que sus soldados pasaran la noche en vela por si se producía un ataque repentino, que nunca llegó.

La tan esperada batalla tuvo lugar al día siguiente. Darío tenía a dos de sus mejores comandantes, Beso y Maceo, en ambos flancos, cada uno con varias tropas de caballería gigantes reunidas de Bactriana, Escitia, Sogdia, Media y Partia. Como en la batalla de Gránico, Darío se situó en el centro del campo de batalla, estrechamente rodeado por los Inmortales, miles de infantes persas, mercenarios griegos y caballería india. El rey persa también incluyó dos nuevas unidades en su batallón. Situados al frente y en el centro había 200 carros con guadañas diseñados para aplastar a la falange macedonia. Asimismo, aparecieron elefantes de guerra durante la batalla, aunque las fuentes discrepan sobre esta afirmación. No obstante, las fuerzas persas alcanzaron casi los 150.000 hombres, con la preciada caballería de Darío formando la mayoría.

Frente a los persas solo había 40.000 de los galantes soldados de Alejandro. Como de costumbre, la falange macedonia ocupaba la posición central, con hoplitas griegos en su retaguardia y Parmenión y sus 7.000 soldados de caballería tesalios en el flanco izquierdo. Alejandro, su leal caballería de compañeros, los hipaspistas y los escaramuzadores agrianos se mantuvieron firmes a la derecha, frente a Bessos y su fuerza de ataque montada. Las formaciones y la posición de las tropas solo presentaban ligeras diferencias: en esta ocasión, los flancos derecho e izquierdo estaban colocados en un ángulo bastante peculiar. Esto se hizo para evitar cualquier posible maniobra de flanqueo lanzada por los persas.

Los macedonios reclamando la victoria en Gaugamela

Cuando la batalla estaba a punto de comenzar, se vio un águila sobrevolando el campo de batalla en dirección a Darío. Esto se consideró otro buen augurio, ya que el águila era el animal favorito del dios del rayo Zeus. Tal vez el dios estaba presente para presenciar otra de las grandes victorias de Alejandro. Y así, con plena confianza, el rey macedonio condujo a su tropa hacia la derecha, alejándose de los falangistas del centro. Confundido por la extraña maniobra, Bessos reflejó los movimientos de los macedonios, separando así a toda la fuerza del centro persa. El plan de Alejandro funcionó a la perfección: pretendía atraer a la caballería persa fuera del terreno liso y llevarla al terreno desnivelado. Cuando por fin se percató del truco, Bessos dirigió un ataque contra Alejandro, golpeando primero a los macedonios, un movimiento que el rey había estado esperando.

Lejos, al otro lado del campo de batalla, Darío ordenó a su centro que avanzara, con Maceo golpeando a la caballería de Parmenión, superada en número. Los carros guadañados intentaron entonces destruir la falange. En una arriesgada maniobra, los falangistas clavaron los pies en el suelo mientras los carros aceleraban, dejando solo un pequeño hueco para que los arqueros y los jabalineros agrianos que iban detrás les sirvieran de apoyo. A pesar de las numerosas bajas, la falange permaneció impenetrable, mientras que los carros fueron totalmente destruidos.

Con Bessos ocupado en el lado derecho del campo de batalla, Darío volvió a quedar expuesto. Con cientos de falangistas, hipaspistas y compañeros de caballería, Alejandro se precipitó directamente hacia el rey persa. Gritando sus gritos de guerra, los macedonios masacraron brutalmente a los que se interponían en su camino. Se dice que Darío desenvainó nerviosamente su espada al ver que Alejandro se acercaba. Al darse cuenta de que no tenía ninguna posibilidad de ganar la batalla, Darío huyó por segunda vez del sangriento campo de batalla. Alejandro estaba dispuesto a perseguir esta vez al asustadizo rey hasta el fin del mundo, pero Parmenión necesitaba desesperadamente su ayuda. Como no pensaba perder al general, Alejandro galopó hacia el lado izquierdo de la llanura y expulsó a las fuerzas de Maceo. Con el cobarde rey desapareciendo de la vista y su enorme ejército casi completamente destruido, Alejandro estaba a salvo para asumir el título de rey de Asia.

Alejandro siguió adentrándose en el corazón del imperio y pronto llegó a la rica ciudad de Babilonia, desprotegida y abandonada por el rey fugitivo. Babilonia tenía una larga historia de revueltas contra el Imperio aqueménida, así que cuando los ciudadanos vieron la llegada del triunfante rey macedonio, le dieron la bienvenida con plena celebración y honor. Incluso el sátrapa persa, Maceo, abrió pacíficamente las puertas a los macedonios. Como entregó la ciudad sin oponer resistencia, Alejandro le permitió conservar su puesto. En esta ciudad, Alejandro concedió un mes de descanso a su feroz ejército mientras esperaban más refuerzos para unirse a su campaña; los macedonios pronto recibieron al menos 15.000 soldados de infantería y 2.000 de caballería frescos mientras permanecían en Babilonia. Mientras Alejandro organizaba su administración en los territorios persas recién adquiridos, el rey también se tomó su tiempo para participar en diversas celebraciones persas, para consternación de sus soldados.

La llegada de Alejandro a Babilonia
https://commons.wikimedia.org/wiki/File:Charles_Le_Brun_-
_Entry_of_Alexander_into_Babylon.JPG

Una vez asegurada Babilonia, Alejandro se dirigió a la ciudad de Susa, que también adquirió sin derramamiento de sangre. Los macedonios, sin embargo, no permanecieron mucho tiempo en la ciudad, ya que no debían desviarse de su objetivo principal: capturar a Darío. Las tropas se dirigieron hacia Persépolis, la capital real del imperio, pero en el camino, Alejandro cayó en una emboscada de Ariobarzanes, un veterano que había sobrevivido a la batalla de Gaugamela. Había colocado una defensa a lo largo del estrecho paso de montaña llamado Puerta Persa, esperando el momento perfecto para atacar por sorpresa a los macedonios. Aprovechando los precipicios, los persas lograron infligir numerosas bajas a los macedonios lanzando jabalinas y rocas, y disparando flechas desde terreno más elevado. Los macedonios, por su parte, no podían ponerse a cubierto, ya que su paso estaba bloqueado por un muro improvisado construido antes por los persas.

Presas del pánico, los macedonios no tardaron en acatar la orden del rey. Se retiraron del estrecho pasadizo y evitaron a los persas hasta que pudieran desarrollar una nueva estrategia. Embestir contra la muralla podía significar sin duda la derrota, ya que los macedonios no tenían ninguna posibilidad de resistir los proyectiles de los persas y la estrechez del terreno les dificultaba enormemente las maniobras. La suerte, sin embargo, estuvo del lado de Alejandro, ya que sus prisioneros persas pronto revelaron otro paso alrededor de las montañas que permitiría a los macedonios eludir la pesada defensa de la Puerta Persa. Y así, al amparo de la oscuridad, Alejandro tomó a la mitad de sus tropas y atravesó el pasadizo alternativo. El resto se situó lejos del frente de la Puerta Persa. Aunque la subida fue bastante brutal, los macedonios burlaron la defensa y salieron justo detrás de los persas. Sin escatimar ningún momento, Alejandro asaltó a los persas por la retaguardia mientras el resto de sus tropas aplastaba a los que intentaban escapar. El destino del propio Ariobarzanes fue incierto. Algunos afirman que se escabulló y escapó por las montañas, mientras que otros sugirieron que se retiró a Persépolis solo para encontrar las puertas que le impedían la entrada. Fue asesinado por los macedonios a su llegada a la ciudad.

Una vez resuelta la emboscada de Ariobarzanes, Alejandro pudo marchar hacia Persépolis. Como muchas otras ciudades por las que pasó, Persépolis se sometió voluntariamente al rey macedonio. La ciudad estaba repleta de abundantes tesoros y riquezas, hasta el punto de que cambió las finanzas de Macedonia casi de la noche a la mañana. Alejandro, sin duda complacido por su continuo triunfo, empezó a celebrar fastuosos banquetes en el palacio del rey persa, pasando días y noches bebiendo con sus compañeros y cortesanas. Los registros antiguos afirman que, mientras el rey bebía en el banquete, se enfrentó a él una mujer ateniense que se presentó como Thais. Le sugirió que quemara la capital persa como venganza por el incendio de Atenas una década antes. Conocidas por su odio a ultranza hacia los persas, las ebrias tropas macedonias aplaudieron la sugerencia. Así, Alejandro —presumiblemente también borracho en aquel momento— quemó los palacios hasta los cimientos, alegando que se trataba de un pequeño gesto de venganza por Atenas.

Desde Persépolis, Alejandro marchó durante casi treinta días hasta Pasargada, la antigua capital del imperio. No fue hasta mayo del 330 a. e. c. cuando Alejandro prosiguió su persecución de Darío, que se había aventurado en Media en busca de ayuda para formar otro ejército contra los macedonios invasores.

Capítulo 14: Persecución hasta el confín del mundo

Tras su gran derrota, Darío hizo todo lo posible por evitar al rey macedonio. Pronto llegó a Ecbatana y planeó reunir todas las fuerzas posibles para enfrentarse por tercera vez a Alejandro. Sin embargo, al ver las fuerzas de élite de Alejandro y presenciar las múltiples derrotas de su rey, los persas ya no estaban dispuestos a prestar sus espadas a Darío. Todo lo que el gran rey tenía en aquel momento eran unos pocos miles de hombres. Así que, cuando supo que Alejandro se acercaba a su ubicación, Darío abandonó Ecbatana y se dirigió a las provincias orientales de Persia.

Con la ciudad ya desprotegida, Alejandro suministró dinero y soldados a Parmenión para que pudiera apoderarse de Ecbatana. El rey, por su parte, se llevó al resto de su ejército de 20.000 hombres en persecución de Darío. Aunque la marcha hacia Partia fue penosa, la velocidad de los macedonios no tenía rival. A medida que Alejandro y sus tropas se acercaban, los persas —especialmente Bessos, el general de mayor confianza de Darío y sátrapa de Bactriana— empezaron a perder la esperanza en su gran rey. Sugirieron a Darío que cediera el trono a Bessos, a quien veían más capacitado para dirigir el ejército. Aunque se decía que Bessos había accedido a devolverle la corona una vez que se hubiera ocupado de Alejandro, Darío se negó con razón, una decisión que acabaría llevándolo a la muerte. Una noche, Bessos y sus conspiradores entraron en la tienda de Darío y lo capturaron. Bessos se proclamó entonces nuevo rey persa, cambiando su nombre por el de Artajerjes V.

Alejandro, que se había enterado del suceso a través de desertores errantes, galopó inmediatamente hasta el lugar donde se encontraba Bessos. Durante la persecución, el rey macedonio solo llevaba quinientos hombres, pero su velocidad causó temor a los ojos de los persas. Llevaban días de dura y continua marcha, por lo que una batalla no era, sin duda, la mejor solución en aquel momento. Bessos y sus hombres huyeron, no sin antes clavar una jabalina en el pecho de Darío. Las fuentes antiguas cuentan que, mientras sangraba, Darío expresó su gratitud a Alejandro por haber cuidado bien de su familia. Aunque murió con las manos encadenadas, el antiguo rey persa recibió sepultura real: Alejandro envió su cuerpo a Persépolis, donde fue enterrado junto a otros respetados reyes persas.

Aunque había alcanzado los objetivos de la Liga de Corinto, el rey macedonio, por supuesto, aún no estaba preparado para volver a casa. Le habían robado la oportunidad de enfrentarse a Darío, y Bessos debía rendir cuentas. Todavía quedaban más provincias del imperio por someterse al rey, por lo que dar media vuelta ahora era poco menos que un desperdicio. Al llegar a Hecatómpylos, Alejandro despidió a una parte de su ejército que le había servido durante las largas campañas. Se les permitió regresar a casa con una paga atractiva. Para sustituir a estos soldados, el rey completó su ejército con refuerzos enviados por Antípatro. Con un ejército fresco de casi 43.500 hombres, Alejandro emprendió una lenta persecución de Bessos, que se había dirigido a Bactriana. Por el camino, el rey aceptó una oferta de paz de Hircania y derrotó a los mardos.

Mientras la influencia de Alejandro seguía creciendo, pronto surgieron problemas dentro de su ejército, ya que los soldados notaron un cambio en su rey. A pesar de haber masacrado a innumerables persas a lo largo de la campaña, se dice que Alejandro se aficionó a las costumbres y tradiciones persas. Regalaba capas de estilo persa a sus mejores compañeros y a menudo asistía a las ceremonias ataviado con la túnica real y la diadema del imperio. La corte macedonia también empezaba a experimentar algunos cambios a medida que se permitía a más persas ocupar cargos oficiales. Ciertas fuentes afirman que Alejandro se empeñó en infundir las culturas, hasta el punto de animar a 30.000 muchachos persas a aprender las tradiciones helénicas y el estilo de lucha. Mientras que sus compañeros más cercanos, como Hefestión y

Ptolomeo (el futuro fundador de la dinastía ptolemaica de Egipto), acogieron con satisfacción las influencias persas, el resto de los funcionarios —especialmente los que servían a Filipo— no estaban nada contentos con el repentino cambio.

Partiendo de Mardia, los macedonios avanzaron hacia el interior de Aria. Su presencia fue recibida con una revuelta en la ciudad de Artacoana. Instigados por el sátrapa de Aria, Satibarzanes, los arianos mataron a sangre fría a la guarnición macedonia, lo que provocó las represalias de Alejandro. Sin embargo, Satibarzanes logró escabullirse de la ciudad y escapar a Bactriana con sus 2.000 soldados de caballería a cuestas. Una vez calmadas las revueltas —al menos temporalmente—, Alejandro acampó en Drangiana, donde se vio obligado a ocuparse de otro asunto urgente. Esta vez, se trataba de una conspiración de sus propios hombres.

Sin que el rey lo supiera, algunas personas de su campamento deseaban presenciar su caída. Uno de ellos era un paje real llamado Dimnus. Con una intención muy clara de asesinar al rey, Dimnus contó con el apoyo de algunos conspiradores (su amante y el propio guardaespaldas de Alejandro), que accedieron a conseguir discretamente más ayuda. Pronto llegó la noticia del complot a un hombre llamado Cebalino, que a su vez informó del peligro que corría el rey a Filotas, el mejor comandante de caballería de Alejandro e hijo de Parmenión. En circunstancias desconocidas, Filotas decidió guardar silencio. Sin tiempo, Cebalino pidió ayuda a otro oficial, que concertó una audiencia con el rey.

Cuando el complot llegó a oídos de Alejandro, los conspiradores fueron capturados, salvo Dimno, que se suicidó antes de que los soldados llegaran a su tienda. El silencioso Filotas también compareció ante el rey macedonio. El comandante intentó defenderse, alegando que pensaba erróneamente que el golpe no era más que un falso rumor. Sin embargo, tras días de tortura, Filotas acabó admitiendo su implicación y arrojó el nombre de su padre en el embrollo. No se sabe si Filotas decía la verdad, pero pronto fue ejecutado, seguido de su padre, Parmenión. Como este último era muy respetado por los soldados, su muerte provocó una revuelta. La revuelta se calmó cuando Alejandro aceptó honrar al veterano general con un funeral digno de un héroe.

Una vez salvada su vida y eliminados los conspiradores, Alejandro no perdió tiempo en perseguir al autoproclamado rey, Bessos. Para llegar hasta él, los macedonios no tuvieron más remedio que soportar el duro invierno. Esto, sin embargo, no impidió a Alejandro fundar la ciudad de Alejandría de Aracosia (hoy conocida como Kandahar). En abril del 329 a. e. c., el rey llegó al Hindú Kush. Por desgracia para los macedonios, su viaje no hizo más que empeorar. La intensa nevada ralentizó sus movimientos, y las temperaturas bajo cero acabaron con la vida de muchos de los soldados. Tras dos semanas de supervivencia a través de la cordillera, Alejandro llegó a Bactriana. Sin embargo, Bessos ya había abandonado la región, camino de Sogdiana. La marcha del autoproclamado rey permitió sin duda a Alejandro dominar fácilmente las principales ciudades de Bactriana, sometiéndolas a su poderoso reinado.

Aunque consiguió huir de la ira de Alejandro en Bactriana, las cosas no mejoraron para Bessos. Al igual que Darío, fue apresado por sus propios compañeros, que habían perdido la fe en él. La maniobra fue encabezada por el noble Espitamenes, que más tarde entregó a Bessos a Ptolomeo encadenado. Se dice que Bessos fue castigado severamente. Alejandro lo hizo desnudar y azotar antes de ser enviado al hermano de Darío. Allí fue castigado según la costumbre persa: le cortaron la nariz y las orejas antes de su ejecución en Bactriana. Con una de sus misiones cumplida, Alejandro podía ahora centrarse por completo en la siguiente: asegurarse de que su nombre resonara hasta el valle del Indo. Sin embargo, una serie de revueltas en Sogdiana retrasaron este sueño.

En Sogdia, el rey hambriento de poder hizo lo mismo que había hecho con el resto de las provincias del imperio. A los que se sometían al rey se les concedía clemencia y se les perdonaba la vida; a los que se mostraban agresivos se los aniquilaba y sus ciudades eran saqueadas o incendiadas hasta los cimientos. Incluso Cirópolis, la ciudad fundada por Ciro el Grande, y la capital de Sogdia, Samarcanda, cayeron en sus manos. También fundó Alejandría Escate junto al río Jaxartes, lo que provocó la inquietud de la tribu local de la provincia. Pronto se desató una batalla contra la tribu. Aunque fue breve, la tribu consiguió herir a Alejandro. A pesar de que una flecha le atravesó la pierna, Alejandro no pudo descansar, ya que las ciudades de Sogdia, recientemente sometidas, decidieron oponerse a él. Lideradas nada menos que por Espitamenes, las siete ciudades se rebelaron simultáneamente, por lo que Alejandro no tuvo más remedio que dividir sus fuerzas en tres. El rey y su parte del batallón arrasaron por sí solos cinco ciudades, recapturándolas en apenas cinco días. Sin embargo, este no fue el final de las revueltas: Espitamenes escapó, lo que le permitió seguir siendo una peligrosa espina para la conquista macedonia.

Alejandro sabía que debía atrapar al caudillo si quería poner fin a las revueltas. La situación estalló cuando Espitamenes y sus aliados maságetas atrajeron a una parte del ejército macedonio hasta el río Polytimetus. Bajo el débil mando de Farnuces, las tropas cayeron en una emboscada por todos lados, lo que provocó la masacre de toda la fuerza: casi 2.000 soldados de infantería y 300 de caballería cayeron en la trampa. En respuesta a la derrota de Farnuces, Alejandro infligió una brutal destrucción a las ciudades sogdianas. Los expertos afirman que más de 120.000 pagaron el precio de la masacre de Espitamenes. No fue hasta diciembre del 328 a. e. c. cuando Espitamenes vio el final del camino. Tras su derrota contra el general Coeno de Alejandro en la batalla campal de Gabai, Espitamenes hizo un último intento de escapar antes de ser traicionado por los maságetas. El líder de la tribu, que prefería la paz, mató al caudillo persa y entregó su cabeza a Alejandro.

Con la muerte de Espitamenes, las revueltas empezaron a desaparecer. La única amenaza que le quedaba a Alejandro era la de las tribus inquietas que se refugiaban en la fortaleza montañosa llamada la Roca Sogdiana. Los macedonios llegaron a la ciudadela fortificada a principios del año 327 a. e. c. tras atravesar una tormenta de nieve mortal y temperaturas peligrosas: se dice que Alejandro perdió casi 2.000 hombres ante la cruel madre naturaleza. Por si fuera poco, se dice que entrar en la ciudad fue todo un reto. Aparte de las fortificaciones naturales que le proporcionaban los escarpados acantilados y la intensa nevada invernal, la ciudad estaba bien preparada para soportar un asedio: sus reservas de alimentos y agua eran suficientes para dos años.

Habiendo perdido ya hombres mucho antes de llegar a la ciudadela, el rey optó al principio por una táctica más diplomática. Envió emisarios al comandante de la ciudad, Ariamaces, pidiéndole que se sometiera. El comandante se negó de inmediato, alegando que su baluarte era completamente inexpugnable y que los macedonios necesitarían alas a sus espaldas para abrir una brecha en la ciudad. Intimidado por la arrogancia de Ariamaces, Alejandro utilizó sus excepcionales dotes de observación. Ariamaces había colocado a varios soldados en las murallas delanteras para vigilar a los macedonios, pero no apostó a ninguno en los acantilados de la parte trasera de la ciudadela, un simple descuido que el rey advirtió de inmediato.

Aprovechando la oportunidad, Alejandro optó por sorprender a Ariamaces por la retaguardia. Reunió a 300 de sus mejores soldados, cuyas habilidades para la escalada eran inigualables, y los envió a escalar los traicioneros acantilados cuando llegó la noche. La ascensión fue realmente brutal, ya que Alejandro perdió a treinta hombres poco después de comenzar a escalar y aún más con el paso de las horas. Al amanecer, el rey vio por fin una señal desde la cumbre: sus hombres agitaban discretamente una sábana blanca, esperando la siguiente orden del rey. Con sus hombres en posición, Alejandro envió otro mensaje a Ariamaces exigiendo su rendición, a lo que el comandante se rio confiadamente y declinó. Sin embargo, su arrogante sonrisa desapareció cuando Alejandro señaló con el dedo los imponentes acantilados detrás de Ariamaces, donde sus hombres estaban preparados.

«Después de todo, mis hombres tienen alas» pudo haber dicho el rey.

Presa del pánico, sin saber cuántos soldados estaban apostados en la cumbre, Ariamaces cedió. Los macedonios entraron, con las puertas abiertas de par en par, sin derramar sangre. La ciudad, sin embargo, no fue lo único que ganó Alejandro. Mientras asistía a una celebración tras su éxito, el rey fue presentado a Roxana, la hija del jefe sogdiano, Oxiartes. Cuenta la leyenda que Alejandro quedó tan cautivado por el encanto y la indescriptible belleza de Roxana que inmediatamente pidió su mano. Se casaron ese mismo año. Aunque el matrimonio reportó beneficios políticos a Alejandro, los macedonios no estaban nada contentos: Roxana era una princesa, pero también una persa. Oxiartes, eufórico por la unión, selló una alianza con el rey persuadiendo a otra fortaleza montañosa sublevada, Chorienes, para que se sometiera. A cambio, el jefe sogdiano fue nombrado sátrapa de Parapamisos.

Tras dejar a 10.000 hombres en Bactriana para proteger la región de cualquier amenaza, Alejandro marchó hacia el interior con el resto de sus tropas hasta llegar a las orillas del río Indo. Sin embargo, para cruzar este río, los macedonios tuvieron que atravesar el valle del Cofete, una región habitada por ciudades que aún no habían presentado su sumisión al rey. Al ver la llegada de los macedonios, los lugareños, conocidos como los aśvakas, comenzaron a replegarse tras las murallas fortificadas de sus ciudades. Como se negaban a doblegarse ante el rey, Alejandro puso sitio a cada una de ellas. Las escaramuzas no tardaron en intensificarse cuando Alejandro rompió una negociación de paz en Massaga. A cambio de la seguridad de la ciudad, Alejandro solo exigió dos cosas: Massaga debía prometer su sumisión, y los mercenarios de

Aśvaka debían unirse a las filas macedonias. Aceptando las condiciones, los mercenarios y sus familias salieron de las puertas para reunirse con los macedonios por la noche. Para su sorpresa, los mercenarios fueron rodeados inmediatamente por las tropas macedonias, que más tarde los atacaron y mataron.

Al descubrir la masacre, los aśvakas retiraron su sumisión y buscaron refugio en una fortaleza de la montaña de Aornos. Al igual que la ciudadela fortificada de la Roca Sogdiana, Aornos también se consideraba impenetrable. No obstante, Alejandro debía tomar la ciudadela por todos los medios si quería continuar su campaña india. El asedio duró más de lo esperado, cansando no solo a los macedonios, sino también a los aśvakas. En consecuencia, intentaron escapar. Encendieron antorchas en la fortaleza para dar a entender que seguían en la ciudad. Una vez que los macedonios bajaron la guardia, los aśvakas se escabulleron de Aornos, pero Alejandro no tardó en descubrir su treta. Mientras intentaban escapar, los aśvakas fueron acorralados por 700 hombres del rey. Algunos lograron escapar del ataque, pero los que se defendieron yacieron ensangrentados en el suelo, mientras que los capturados fueron vendidos como esclavos.

Con el valle del Cofete asegurado, Alejandro y su ejército marcharon a través del Indo, camino de una tierra que ni los macedonios ni los griegos habían pisado jamás. Primero llegó a la ciudad de Taxila, una aliada que proporcionó a los macedonios provisiones, fuerzas locales e información sobre el país y sus tribus. Durante su estancia en Taxila, Alejandro recibió información sobre un rey hostil en particular, Poros, que nunca se sometería al rey sin luchar. Otros datos informaron al rey de que Poros ya había reunido un ejército a orillas del río Hidaspes.

Alejandro, que no estaba dispuesto a rechazar una batalla, dirigió sus tropas hacia donde le esperaba Poros. Llevó más de 30.000 soldados de infantería y 7.000 de caballería, apoyados por otros 5.000 enviados por Taxila. Poros, por su parte, había reunido 35.000 soldados de infantería, 4.000 de caballería, 300 carros y 100 elefantes; se dice que esto último pilló a los macedonios ligeramente desprevenidos. Poros se situó en el centro del frente, montado en un elefante de guerra.

Alejandro no podía utilizar las mismas tácticas de batalla que en Gránico. Cruzar el Hidaspes seguramente pondría en peligro a su ejército, ya que el río era ancho y las corrientes demasiado fuertes y peligrosas. Aunque sus tropas pudieran alcanzar mágicamente la otra orilla del río, serían inmediatamente aniquiladas por los elefantes de guerra situados al frente de la mayor parte de la línea enemiga. Alejandro se tomó su tiempo para observar los alrededores y pronto encontró la forma de cruzar el río, aunque la maniobra era arriesgada. Al amparo de la oscuridad, Alejandro se llevó consigo a 6.000 soldados de infantería y 5.000 de caballería y avanzó silenciosamente dieciocho millas río arriba desde su campamento. Con la ayuda de algunas distracciones en el campamento, Alejandro planeó cruzar el río desapercibido y sorprender a Poros por su derecha. Su objetivo final era alejar a los elefantes de guerra de las orillas para que el resto de sus soldados pudieran cruzar el río y aplastar al enemigo. El plan, sin embargo, se frustró cuando el explorador de Poros divisó su cruce. Como resultado, Poros desplegó una parte de su ejército —2.000 soldados de caballería y 120 carros— para enfrentarse a Alejandro. Gracias a la intensa lluvia y a lo accidentado del terreno, Alejandro y sus tropas consiguieron derrotar al enemigo. Entre los caídos estaba el hijo de Poros.

Con una pequeña parte de su ejército destrozado, Poros preparó el resto de sus fuerzas y marchó hacia la posición de Alejandro. Antes de partir, Poros dejó un puñado de soldados a lo largo de la orilla para bloquear el paso de los macedonios restantes. La gran batalla del Hidaspes estaba ya en marcha. Poros conocía la gran falange de Alejandro, así que colocó sus enormes elefantes de guerra al frente de su formación para romper su defensa. Alejandro sabía que atacar de inmediato el centro de Poros significaría una muerte segura, así que el rey macedonio ideó una estrategia diferente: dividió su caballería en dos. La caballería situada a la derecha estaba comandada por el propio rey, mientras que la izquierda estaba dirigida por Coeno. Al comenzar la batalla, Alejandro lanzó su caballería contra el flanco izquierdo de Poros hasta que consiguió atraer al resto de la caballería enemiga hacia el mismo lado del campo. Esto permitió a Coeno maniobrar con su parte de la caballería alrededor del flanco derecho de Poros y aplastar a la caballería enemiga por la retaguardia. Ante las numerosas bajas sufridas, el resto de la caballería de Poros se retiró detrás de los elefantes de guerra.

Poros tomó entonces represalias lanzando varios de sus elefantes contra la caballería macedonia, que consiguió tirar de las riendas lo bastante rápido como para que sus caballos retrocedieran. Mientras Alejandro y su caballería se alejaban, Poros ordenó al resto de sus elefantes de guerra que avanzaran contra la falange macedonia en el centro. Los macedonios, sin embargo, estaban muy versados en la batalla contra elefantes. La falange se mantuvo firme y, con sus largas sarisas, apuntó a los ojos de los elefantes. Mientras lo hacían, Alejandro ordenó a sus hombres que hirieran continuamente a los mamíferos con sus jabalinas. Cuando se presentaba la ocasión, la infantería ligera se colaba por los huecos y acuchillaba la trompa y las patas de los elefantes.

A pesar de las brillantes estrategias de Alejandro y de la valentía de sus tropas frente a los enormes mamíferos, los macedonios sufrieron numerosas bajas. Los elefantes pronto se descontrolaron y arrasaron el campo de batalla, empalando con sus colmillos la carne caliente de los macedonios. Con sus trompas, los elefantes arrojaron a las tropas macedonias a la muerte. Sin embargo, cuando los elefantes empezaron a recibir heridas graves, muchos de ellos huyeron del campo, retirándose y pisando a la infantería de Poros en la retaguardia. Aprovechando la oportunidad de rodear a Poro, la falange avanzó, embistiendo contra la infantería de Poro. Alejandro y su caballería atacaron el flanco izquierdo mientras que Coeno destrozaba el derecho. Completamente rodeados por los macedonios y con los elefantes desenfrenados en medio, los hombres de Poro entraron en pánico. Buscaron hasta el más mínimo resquicio para intentar escapar.

Aunque sus hombres ya se habían dispersado por todo el campo, Poros y sus guardaespaldas personales se mantuvieron firmes, luchando valientemente contra los macedonios. Se dice que el propio Poros resultó gravemente herido, tras lo cual sus hombres imploraron al rey que diera por perdida la batalla y se retirara. Aunque la batalla fue ganada por los macedonios, Alejandro, que admiraba la valentía de Poros, decidió enfrentarse al rey cara a cara. Poros fue llevado a la tienda de Alejandro tras la batalla.

—¿Cómo quieres que te trate? —le preguntó el rey macedonio.

—¡Trátame como rey! —respondió Poros.

Alejandro se enfrenta a Poros tras la batalla
https://commons.wikimedia.org/wiki/File:Alexander_the_Great_(356-23_BC)_and_Porus_(oil_on_canvas).jpg

Los escritos antiguos afirman que Alejandro le concedió su deseo sin hacer más preguntas. Poros fue tratado inmediatamente con los mejores cuidados posibles; sus heridas fueron curadas por los médicos y doctores de Alejandro. Su valor fue tan apreciado por el rey macedonio que le concedió un gran número de tierras para que las gobernara como rey vasallo.

Aunque los macedonios lograron una nueva victoria —pese a que algunos historiadores modernos afirman que la batalla terminó con un empate o con la victoria de Poros—, Alejandro perdió a su caballo Bucéfalo durante la batalla. Su querido caballo le había acompañado en muchas campañas feroces y, sin duda, se había ganado un lugar especial en el corazón del rey. Alejandro incluso fundó ciudades con el nombre de Bucéfala para honrar a su caballo y recordar su sacrificio durante todos esos años.

Tras otra batalla, Alejandro se dispuso de nuevo a hacer marchar a sus tropas más allá del río Hidaspes. Por el camino, el rey macedonio aceptó las sumisiones de varias tribus locales mientras las ciudades desafiantes eran asediadas y capturadas. Cuando llegó al río Hífasis, el ejército macedonio empezó a mostrar signos de rebelión. Los soldados sabían lo que había más allá del río y que su rey planeaba aventurarse más lejos. Alejandro deseaba enfrentarse a la dinastía Nanda, pero su ejército no estaba de acuerdo. El imperio indio era tan enorme que se decía que contaba con cientos de miles de soldados listos para aplastar a cualquier invasor lo bastante insensato como para cruzar el río. Los macedonios estaban en gran inferioridad numérica, por lo que continuar la campaña seguramente les pondría la soga al cuello. Sin embargo,

Alejandro, obstinado como siempre, creía que su ejército podría vencer a las colosales fuerzas que pronto se alzarían ante ellos. No obstante, cuando ordenó a sus hombres que continuaran la marcha, los macedonios se amotinaron.

El rey persuadió a su ejército, alegando que habían ido demasiado lejos para detener la invasión allí mismo. Incluso aseguró a su ejército que las noticias sobre las fuerzas de Nanda no eran más que una exageración. El gran plan de conquistar toda Asia debía llevarse a cabo, sin importar las consecuencias. Aunque sus discursos habían conseguido levantar el ánimo de su ejército en campañas anteriores, esta vez fue completamente diferente: los macedonios no se movieron de su decisión. Llevaban años de campaña sin descanso y el cansancio se había convertido en algo más que una norma. Finalmente, el general Coeno tomó la palabra. En nombre de los soldados, afirmó que, sin dudarlo, seguirían a su rey a donde quisiera ir. Pero por el momento, lo más sensato era que regresaran a casa. El ejército estaba agotado, y las posibilidades de éxito serían mayores con tropas frescas.

«Hemos sucumbido no solo a las batallas, sino también a las enfermedades y a la madre naturaleza —podría haber dicho Coeno—. Nuestros hombres ansían volver a casa, a los brazos de sus seres queridos. Ya hemos conseguido bastante por ahora, así que volvamos a casa y retornemos con más fuerza. Para entonces, te seguiremos hasta el confín del mundo».

El discurso de Coeno provocó aplausos y vivas de los exhaustos soldados. Alejandro estaba furioso al principio. Esperó unos días con la esperanza de que sus tropas cambiaran de opinión, pero nunca lo hicieron. Sin otra opción, Alejandro accedió a regañadientes. Anunció su decisión de volver a casa, para regocijo de sus tropas. Con ello, la invasión de Alejandro terminó; había empezado con el otrora poderoso imperio aqueménida y puesto fin a su influencia en partes de la India. El rey soñaría más tarde con lanzar otra campaña contra Arabia, pero su mayor enemigo sería su propio destino.

Capítulo 15: Regreso a Babilonia, planes y muerte

El ejército macedonio se sintió aliviado al conocer la decisión de su rey de detener su ambiciosa invasión de la India. Su vuelta a casa, sin embargo, no fue inmediata: Alejandro ordenó la marcha casi un año después del motín. La razón de este retraso sigue siendo un misterio y muchos la discuten. Tal vez sintiéndose decepcionado por sus planes frustrados de enfrentarse a la poderosa dinastía Nanda, Alejandro optó por hacer marchar a su ejército por una ruta diferente en la que tendría la oportunidad de someter al menos algunas ciudades más en su camino de vuelta a casa.

Los macedonios se dividieron en dos grupos. Una parte del ejército fue enviada a Carmania bajo el mando del general Crátero. Debían embarcar en una flota dirigida por el almirante Nearco y navegar por las costas inexploradas del golfo Pérsico. El resto del ejército fue comandado por el propio rey macedonio a través de una travesía más difícil por el desierto de Gedrosia. A lo largo del Indo, Alejandro consiguió someter a varias tribus indias más, aunque las conquistas también le habían acarreado una grave herida. Se dice que el rey recibió una flecha en el pecho que le atravesó los pulmones. Tuvo que ser transportado en camilla, aunque solo por unos instantes; obstinado como siempre, el rey cabalgó contra el enemigo a pesar de sus heridas.

Los macedonios llegaron finalmente a Susa en el año 324 a. e. c., tras perder algunos hombres en el despiadado desierto. Antes incluso de que

Alejandro pudiera desmontar de su caballo, se cree que recibió noticias sobre sus sátrapas: habían estado disfrutando tanto de la ausencia del rey a lo largo de los años que habían empezado a mostrar claros signos de mala conducta y abuso de poder. Esto fue considerado traición a los ojos de Alejandro. Fue él quien nombró a estos gobernadores, y ellos habían abusado de su confianza. Así que Alejandro ordenó que fueran ejecutados.

El rey, que era conocido por tener el mayor aprecio de su ejército, procedió entonces a saldar sus deudas. Como no habría más batallas por el momento, Alejandro pagó a sus soldados una generosa cantidad, como había prometido. También les permitió volver a casa a los veteranos de más edad y a los soldados que habían quedado discapacitados tras las campañas, pero las tropas no tardaron en malinterpretar este gesto. Pensando que se los despedía, los soldados empezaron a rebelarse. Alejandro se reunió inmediatamente con los soldados y los persuadió para que se calmaran, pero durante días las tropas y los veteranos no dieron muestras de dar marcha atrás. Alejandro recurrió entonces a los persas. Les dio puestos de mando y les concedió títulos que antes eran exclusivos de los macedonios. Arrepentido de su anterior revuelta, el ejército macedonio imploró inmediatamente el perdón de Alejandro, disculpa que el rey aceptó encantado. Satisfecho por haber logrado unir al ejército, Alejandro organizó un gran banquete para celebrar la sangre, el sudor y las lágrimas de sus hombres.

Por mucho que apreciara al ejército macedonio, Alejandro nunca dejó de mostrar su afecto hacia las tradiciones y la cultura persas. Deseoso de asimilar las tradiciones aqueménidas a las suyas, el rey organizó una ceremonia matrimonial masiva en Susa en la que animó — u obligó, como sugieren algunas fuentes— a sus oficiales superiores a tomar una esposa persa. Incluso Hefestión se casó con una nobleza persa. Aunque muchos de sus hombres cumplieron su deseo, ninguno de estos matrimonios duró más de un año. El rey también se tomó su tiempo para presentar sus respetos a Ciro el Grande, el fundador del imperio, a quien admiraba mucho junto con Aquiles. Así, cuando descubrió que la tumba de Ciro en Pasargada había sido profanada recientemente, Alejandro se apresuró a encontrar a los culpables y pasarlos a cuchillo. Para restaurar la tumba, el rey ordenó a su propio arquitecto Aristóbulo que dirigiera el proyecto, centrándose especialmente en la cámara sepulcral de la tumba.

Las bodas de Susa

https://commons.wikimedia.org/wiki/File:The_weddings_at_Susa,_Alexander_to_Stateira_and_Hephaistion_to_Drypetis_(late_19th_century_engraving).jpg

Una vez castigados los sátrapas irresponsables, calmada la revuelta del ejército y redecorada la tumba de Ciro, Alejandro no tenía motivos para permanecer más tiempo en Susa. Cabalgó hacia su siguiente destino, Ecbatana, donde debía recoger los tesoros persas que había ganado tras la derrota de la ciudad años antes. Este acontecimiento se agrió cuando Alejandro se enteró del deterioro de la salud de su más querido amigo y general, Hefestión. Abandonándolo todo de inmediato, el preocupado rey cabalgó para ver a Hefestión, que llevaba casi una semana postrado en cama y atendido por los mejores médicos.

Hefestión siempre fue especial a los ojos de Alejandro. De hecho, tanto los historiadores antiguos como los modernos han discutido durante mucho tiempo sobre su estrechísima relación. Mientras que algunos afirman que su amistad era similar a la de Aquiles y Patroclo, muchos sugieren que eran amantes. De hecho, se cree que Alejandro tenía un interés mínimo por las mujeres, incluso Filipo y Olimpia le habían expresado su preocupación cuando era un niño. Sin embargo, Alejandro y Hefestión se conocían desde que tenían uso de razón. Crecieron juntos, estudiaron con el mismo tutor y, cuando Alejandro fue enviado a Aristóteles para ampliar sus estudios, Hefestión lo acompañó gustosamente. Compartieron secretos y se los llevaron a la tumba. A Hefestión se le permitía incluso leer las cartas personales del rey. Los dos eran casi inseparables. No solo cabalgaban juntos a la batalla, sino que Hefestión también estaba presente cada vez que el rey realizaba un sacrificio o una ceremonia. El acontecimiento más destacado fue quizás durante la visita del rey a la antigua ciudad de Troya. Mientras Alejandro presentaba sus respetos a Aquiles, colocando una corona en la tumba del héroe, Hefestión también hizo lo mismo, pero con la tumba de Patroclo. Después, ambos corrieron el uno contra el otro desnudos, una forma de culto para honrar a los héroes legendarios.

Tras una semana postrado en cama, Hefestión empezó a mejorar, para alivio de Alejandro. El general incluso ingirió su primera comida en días. Confiado en que su querido amigo había recuperado poco a poco las fuerzas y saldría adelante, el rey macedonio abandonó el lecho camino de un partido celebrado en la ciudad. Por desgracia, esa fue la última vez que Alejandro vio a su amigo respirar. Durante su ausencia, Alejandro recibió noticias del empeoramiento de Hefestión. Corrió hacia su amigo tan rápido como pudo, pero Hefestión hacía tiempo que había cruzado las puertas del inframundo. La razón de su muerte es incierta, aunque muchos registros antiguos sospechan que fue asesinado. El general estaba a punto de recuperar la salud, pero empeoró en cuanto tomó su primera comida, lo que sugiere que fue envenenado. Los historiadores modernos, sin embargo, han presentado la posibilidad de que Hefestión contrajera la fiebre tifoidea, que deja terribles úlceras en los intestinos. Se cree que en cuanto ingirió alimentos, las úlceras estallaron, provocando una hemorragia interna.

Cualquiera que fuese la causa de la muerte de Hefestión, Alejandro sufrió un incontrolable dolor y depresión tras su muerte. Algunos incluso afirman que el rey nunca volvió a ser el de antes, lo que acabó por hacer mella en su salud. El historiador griego Arriano cuenta que en cuanto regresó a la cabecera de Hefestión, el rey lloró y cogió su cuerpo sin vida antes de tumbarse sobre él todo el día. Alejandro se negó a tomar alimento alguno durante dos días consecutivos y solo se obligó a ingerir alcohol. Incluso se aseguró de que sus súbditos lloraran la muerte de su amigo más querido, prohibiendo todo tipo de música durante varios días tras el fallecimiento y ordenando que se raparan las crines y las colas de todos los caballos. Sin embargo, los médicos encargados de atender a Hefestión recibieron el castigo definitivo. Consumido por su propia emoción, Alejandro los condenó a muerte por no haber podido salvar la vida de su querido amigo.

El funeral de Hefestión fue magnífico. La pira funeraria tardó seis meses en construirse y medía sesenta metros de altura. Momentos antes de la cremación de su amigo más preciado, Alejandro cortó unos mechones de su pelo y los colocó en las manos de Hefestión, lo mismo que hizo Aquiles en el funeral de Patroclo. Tal fue el dolor que soportó Alejandro, hasta el punto de que el puesto de Hefestión como jefe de la caballería de los compañeros nunca volvió a ocuparse. Se erigieron santuarios en honor de su amigo tras recibir la aprobación del oráculo de Siwa, que accedió a elevar el estatus de Hefestión a héroe divino. Ni una sola vez perdió el rey una batalla, pero fue derrotado en el momento en que Hefestión se marchó de su lado.

Por muy pesada que fuera su pena, el rey debía atender a su reino e implicarse en diversas ceremonias y acontecimientos importantes. Informó a sus súbditos de su deseo de ampliar de nuevo sus fronteras. Esta vez, el rey macedonio planeaba llevar sus tropas a Arabia. Sin embargo, el deseo de Alejandro nunca se hizo realidad, ya que llegó al final de su línea antes de lo esperado. Según Plutarco, la salud de Alejandro empezó a mostrar signos de colapso tras un acontecimiento concreto: una noche llena de bebida con sus invitados, entre los que se encontraban el almirante Nearco y Medio de Larisa. Aunque algunas fuentes afirman que el rey sufrió una agonía y gritó de dolor todas las noches posteriores al banquete, otras sugieren que simplemente estaba postrado en cama debido a una fuerte fiebre sin posibilidad de recuperación.

En junio del año 323 a. e. c., casi dos semanas después del banquete, Alejandro dejó escapar su último aliento. Murió en el palacio de Nabucodonosor II en Babilonia a la edad de solo 32 años. Cuando la noticia de su muerte se extendió por todo el vasto reino, sus súbditos quedaron devastados. Los macedonios lloraron a su rey, mientras que los persas se vieron obligados a raparse la cabeza. Su muerte también afectó a Sisigambis, la madre de Darío III; se cree que cayó en una profunda depresión y se suicidó poco después. Alejandro recibió un entierro digno de un rey poderoso: se dice que su cuerpo fue depositado en un sarcófago antropoide de oro lleno de miel. Antes de que el rey fuera trasladado a su patria, Macedón, un vidente, afirmó que allí donde reposara el cuerpo de Alejandro, la tierra saborearía para siempre la paz. Sin embargo, el lugar donde fue enterrado sigue siendo un misterio para todos.

La causa de la muerte de Alejandro ha sido objeto de debate durante mucho tiempo entre los historiadores antiguos y modernos. Se dice que su cuerpo se descompuso seis días después de su muerte, lo que llevó a los expertos a sugerir que el rey probablemente murió debido a una enfermedad hepática alcohólica causada por el empeoramiento de su hábito de beber tras la marcha de Hefestión. Escritores antiguos como Plutarco y Arriano, por otra parte, afirmaron que el culpable fue tal vez la malaria, una enfermedad común en Babilonia en aquella época. Es posible que contrajera la fiebre durante su travesía a un pantano concreto unas semanas antes de su muerte. En apoyo de esta teoría, las fuentes antiguas mencionan que poco antes de su muerte, el rey sufrió fiebre alta, escalofríos, agotamiento y sudores, todos ellos síntomas comunes de la malaria.

Aunque algunos creen que Alejandro murió por causas naturales o enfermedad, muchos también afirman que sucumbió a un envenenamiento. Sin duda, el rey se había granjeado muchos enemigos a lo largo de su vida; por tanto, no podemos descartar la posibilidad de que Alejandro fuera asesinado por quienes lo rodeaban. Pudo ser una de sus esposas, generales o incluso su copero real. Algunos escritores llegaron incluso a apuntar a Antípatro, a quien Alejandro había nombrado regente de Macedonia durante su ausencia. Fuera quien fuera el asesino —si es que lo hubo, claro—, los expertos afirman que es probable que Alejandro fuera envenenado al beber un vino elaborado con eléboro blanco, un tipo de planta venenosa. A diferencia de los venenos típicos, que pueden matar al consumidor en cuestión de segundos o minutos, el eléboro puede producir síntomas prolongados. Esto explicaría por qué Alejandro no murió en cuanto bebió el vino envenenado, sino que sucumbió tras dos semanas de terribles dolores.

Al igual que la causa de su muerte, tampoco se confirmó nunca si el rey había dejado un nombre para heredar su legado. Puede que Hefestión encabezara su lista, pero su querido amigo también se había ido, quizá esperándolo en los Campos Elíseos. Alejandro tuvo un hijo con Roxana, pero no era más que un niño en el momento de la muerte de Alejandro. Algunos dicen que el rey eligió al soldado de caballería Pérdicas, otro amigo suyo y de Hefestión; otros afirman que, mientras estaba postrado en cama, Alejandro imploró que solo «el más fuerte» tomara las riendas y gobernara todo el reino que había creado. Con o sin nombre, podemos estar seguros de que el deseo de muerte de Alejandro nunca se hizo realidad: Pérdicas fue asesinado poco después.

Al final, el reino macedonio se dividió entre los cuatro mejores generales de Alejandro: Casandro, Ptolomeo, Antígono y Seleuco. Estos cuatro hombres eran conocidos como los diadocos (sucesores) y se enfrentaron entre sí para asegurarse más poder. Casandro, por ejemplo, consolidó su poder ejecutando a Olimpia, Roxana y su hijo con el difunto rey Alejandro IV. Sin embargo, su título de rey de Macedonia le fue arrebatado por Antígono I, que gobernaría con sus herederos. Ptolomeo I Sóter, por su parte, tenía Egipto firmemente en su poder y fundó la dinastía ptolemaica que terminó con el reinado de la afamada Cleopatra VII en el año 30 a. e. c. Ptolomeo fue también quien trasladó el cuerpo de Alejandro a Egipto, con la esperanza de que la profecía del vidente se hiciera realidad. Por último, pero no por ello menos importante, Seleuco (más tarde conocido como Seleuco I Nicátor) tomó partes de la India, Mesopotamia y Anatolia para fundar el Imperio seléucida. Aunque estos generales distaban mucho de reflejar la brillantez y crueldad de Alejandro Magno, sus dinastías e imperios recién fundados prosperarían al menos hasta el ascenso de los romanos.

Conclusión

Alejandro III de Macedonia, conocido en la época moderna como Alejandro Magno, nació en julio del año 356 a. e. c. y encontró su fin con solo 32 años. Tuvo una vida corta, pero su nombre nunca se olvidó: su historia seguirá resonando por todos los rincones del mundo en los años venideros. Ya de niño, Alejandro había conseguido impresionar a sus mayores con su excepcional talento y personalidad. A medida que crecía, Alejandro mostraba claras señales de un poderoso gobernante, algo que su padre, Filipo II, no tardó en advertir. Era testarudo, elocuente y, en ocasiones, impetuoso e irascible. Pero, como era de esperar, estas fueron las cualidades que lo llevaron al éxito. Como rey, Alejandro sabía dónde y cuándo mostrar amabilidad como ser humano. También hubo momentos en los que se excedió y tomó decisiones precipitadas movido por sus emociones. Alejandro estaba situado en un punto medio: no era ni bueno ni malo.

A los ojos de sus súbditos de a pie, Alejandro podía ser visto como un gobernante más o un monarca sediento de poder, pero en el ejército, el rey macedonio era muy respetado y admirado. Había sido un general de guerra desde que era un joven adolescente y, antes de cumplir los veinte años, había conseguido proteger su reino de las tribus invasoras durante la ausencia de su padre. En tan solo trece años en el trono, Alejandro había amasado el mayor imperio que jamás haya existido en el mundo antiguo. Comenzando como un reino dividido, Macedonia se convirtió en una potencia colosal que se extendía a lo largo de 3.000 millas.

De hecho, el todopoderoso ejército de Alejandro había convertido su sueño en realidad, pero fueron su cerebro y su ingenio los que hicieron que todo fuera posible. Sus estrategias de guerra dejaron atónitos a muchos de sus enemigos en el campo de batalla y, mediante tácticas psicológicas, Alejandro consiguió hacerse con el control sin derramamiento de sangre. Incluso después de su muerte, las tácticas y estrategias de batalla del rey serían estudiadas por muchos y recicladas por las nuevas fuerzas que planeaban seguir cada paso que había dado el conquistador; los romanos, por ejemplo, tenían en gran estima al rey macedonio.

Sin embargo, de todos los rasgos de Alejandro, fue su valor lo que mantuvo siempre excepcionalmente alta la moral de su ejército. Cuando el pánico se apoderaba de sus hombres o empezaban a perder la esperanza, sus discursos les devolvían el ánimo, excepto cuando decidió cruzar el río Hífasis y enfrentarse a la dinastía Nanda. Aunque un rey tenía el privilegio de estar protegido en todo momento, Alejandro siempre estuvo dispuesto a ponerse en peligro inminente al frente de la línea de batalla.

Las contribuciones de Alejandro al mundo son numerosas. Las ciudades que fundó pronto se convirtieron en centros de economía, cultura y educación. Alejandría, en Egipto, floreció y siguió siendo un centro cultural y de conocimiento durante siglos tras su muerte. En esta misma ciudad se reunían filósofos, escritores e historiadores para debatir sus conocimientos. La Biblioteca de Alejandría, construida años después de su muerte —algunas fuentes afirman que la biblioteca fue idea de Alejandro— albergaba innumerables libros y pergaminos que detallaban todo el conocimiento del mundo. Aunque la biblioteca fue destruida, la ciudad de Alejandría ha resistido el paso del tiempo y se mantiene hasta nuestros días.

Alejandro no solo unió las ciudades-estado de Grecia, sino que dio origen al mundo helenístico, que sobrevivió al propio conquistador. Las ideas, costumbres, artes, conocimientos y tradiciones griegas se extendieron a lo largo de los siglos. La helenización del Imperio romano es un gran ejemplo de cómo se conservó el legado de Alejandro. Julio César, Aníbal Barca y el emperador romano Adriano fueron algunos de los gigantes históricos de los que se dice que recibieron una gran influencia tanto de Alejandro como de las costumbres griegas. También se cree que César lloró durante su visita a la tumba de Alejandro en Egipto, pues envidiaba los éxitos que el conquistador había logrado a tan temprana edad.

Lamentablemente, por muy brillante que fuera en lo militar y lo administrativo, Alejandro no prestó atención a asegurarse un heredero que lo sucediera. Aunque el rey se había casado con Roxana tras el asedio de la Roca Sogdiana, y ella le dio un hijo, Alejandro IV, el rey macedonio nunca llegó a conocerlo. Tras la muerte de Alejandro, Macedonia se sumió en un caos absoluto, ya que muchos reclamaban su derecho a llevar la corona. Aunque por derecho, Alejandro IV sucedería a la dinastía de los Argéadas, más tarde fue asesinado, junto con Roxana y Olimpia. Alejandro también tuvo otras dos esposas, Estatira y Parysatis II, con las que se casó para cimentar sus lazos con la realeza aqueménida. Pero acabaron siendo asesinadas (presumiblemente por Roxana) tras la marcha de Alejandro. La misma suerte corrió su amante, Bersina, hermana de Memnón de Rodas.

Y así, sin descendencia, la dinastía de los Argéadas llegó a su fin. Alejandro Magno, por supuesto, no estaba exento de defectos, pero su mayor error fue no nombrar a un sucesor. El vasto imperio que había construido se desmoronó en cuanto pasó el mítico río Estigia. Algunos podrían culpar al rey de causar indirectamente la caída del Imperio macedonio, mientras que otros afirman que la culpa fue de sus codiciosos generales, que optaron por luchar entre sí por el poder. Sin embargo, Alejandro tuvo más triunfos que errores. Sigue siendo una figura admirada —y, a veces, un héroe— para muchos. Hoy en día, sus logros y contribuciones se conservan en libros de historia, películas y documentales. Los artistas han pintado representaciones de los acontecimientos que se cree que tuvieron lugar en su vida, y los restos de sus bustos y esculturas se conservan a buen recaudo en museos para que las generaciones futuras puedan reconocer su rostro. Gracias a estos esfuerzos, Alejandro ha quedado inmortalizado, y pasarán siglos antes de que su nombre desaparezca de la superficie de la tierra.

Vea más libros escritos por Enthralling History

Bibliografía

Abe, T. (19 de noviembre de 2018). Proskynēsis: From a Persian Court Protocol to a Greek Religious Practice | Tekmeria. https://ejournals.epublishing.ekt.gr/index.php/tekmiria/article/view/14682

Everitt, A. (2021). Alexander the Great: His Life and His Mysterious Death (Reprint). Random House Trade Paperbacks.

Gabriel, R. A. (4 de abril de 2018). The Genius of Philip II. HistoryNet. https://www.historynet.com/genius-philip-ii/

Garvey, P. (11 de enero de 2019). The Lost Tomb of Achilles. Ancient Heroes. http://ancientheroes.net/blog/lost-tomb-of-achilles

Garvey, P. (11 de enero de 2019). The Lost Tomb of Achilles. Ancient Heroes. http://ancientheroes.net/blog/lost-tomb-of-achilles

Hughes, T. (s.f.). How Alexander the Great Became Pharaoh of Egypt. History Hit. https://www.historyhit.com/how-alexander-the-great-became-pharaoh-of-egypt/

Lesso, R. (28 de enero de 2022). How Did Achilles Die? Let's Look Closer at His Story. TheCollector. https://www.thecollector.com/how-did-achilles-die-lets-look-closer-at-his-story/

Mann, M. J. (17 de enero de 2014). Alexander's Visit to Troy. The Second Achilles. https://thesecondachilles.com/2014/01/17/alexanders-visit-to-troy/

Manzo, M. (13 de febrero de 2023). Alexander I the Philhellene. World History Encyclopedia. https://www.worldhistory.org/Alexander_I_the_Philhellene/

Moderator. (27 de mayo de 2022). An Encounter to Remember. The Kosmos Society. https://kosmossociety.chs.harvard.edu/an-encounter-to-remember/

Siege of Byzantium, 340-339 BC. (s.f.).
http://www.historyofwar.org/articles/siege_byzantium_340.html

T. (3 de agosto de 2022). The Folklore Origin Story About the Miraculous
Rise of Alexander the Great's Argead Dynasty. The Historian's Hut.
https://thehistorianshut.com/2017/09/04/the-folklore-origin-story-about-the-
miraculous-rise-of-alexander-the-greats-argead-dynasty/

The Invasion That Possibly Caused Loss of the Mycenaean Civilization. (31 de
enero de2019). ThoughtCo. https://www.thoughtco.com/dorian-invasion-into-
greece-119912

Wars of Alexander the Great: Siege of Tyre. (6 de marzo de 2017).
ThoughtCo. https://www.thoughtco.com/alexander-the-great-siege-of-tyre-
2360867

Wasson, D. L. (13 de febrero de 2023). Olympias. World History
Encyclopedia. https://www.worldhistory.org/Olympias/

Wasson, D. L. (14 de febrero de 2023). Battle of Gaugamela. World History
Encyclopedia. https://www.worldhistory.org/Battle_of_Gaugamela/

Wasson, D. L. (15 de febrero de 2023). Battle of Issus. World History
Encyclopedia. https://www.worldhistory.org/Battle_of_Issus/

Wasson, D. L. (15 de febrero de 2023). Bucephalus. World History
Encyclopedia. https://www.worldhistory.org/Bucephalus/

Colaboradores de Wikipedia. (4 de octubre de 2022). Battle of Chaeronea
(338 BC). Wikipedia.
https://en.wikipedia.org/wiki/Battle_of_Chaeronea_(338_BC)

Colaboradores de Wikipedia. (1 de enero de 2023). Hephaestion. Wikipedia.
https://en.m.wikipedia.org/wiki/Hephaestion

Colaboradores de Wikipedia. (27 de enero de 2023). Philip II of Macedon.
Wikipedia. https://en.wikipedia.org/wiki/Philip_II_of_Macedon